Wie Singles ticken

Hauke Brost

Wie Singles ticken

111 Fakten, die Sie für Ihre nächste Beziehung kennen müssen

Schwarzkopf & Schwarzkopf

INHALT

7. NOCH MAL ZURÜCK AUF ANFANG: WO MAN SINGLES TRIFFT

8. DIE SINGLES UND DAS INTERNET

9. WENN SINGLES IN DIE JAHRE KOMMEN

Singles sind seltsame Wesen. Und es ist gar nicht so leicht, sich einen zu angeln. Singles sind nämlich manchmal sehr eigenwillig. Sie sind scheu, zaghaft, bindungsunwillig, kompliziert, stets auf dem Sprung, zickig, rasch eingeschnappt, leicht zu verschrecken, beziehungsgeschädigt, tendenziell depressiv, misstrauisch, egomanisch und hochsensibel.

Daraus resultiert eine gute Nachricht: Wenn Sie bei der Partnersuche immer wieder an den Falschen geraten oder wenn Sie einfach niemanden finden, der zu Ihnen passt, dann liegt es gar nicht an Ihnen! Es liegt – an den Singles.

Wenn Sie das »Projekt Single-Suche« trotzdem nicht aufgeben möchten, dann wird Ihnen dieses Buch helfen. Sie müssen es nicht einmal ganz durchlesen. Irgendetwas Interessantes über Singles lernen Sie in jedem Kapitel. Fangen Sie einfach mal an zu lesen, meinetwegen auch in der Mitte oder von hinten nach vorn. Dann klappt's auch mit dem Single.

Wenn Sie aber gar nicht auf Single-Suche sind, dann wird Ihnen dieses Buch ebenfalls helfen. Denn entweder geht Ihre Partnerschaft demnächst in die Brüche, und dann sind Sie doch bald wieder auf Single-Suche. Das kann Ihnen schneller passieren, als Sie glauben! Oder Ihre beste Freundin bzw. Ihr bester Kumpel ist wieder einmal an den Falschen bzw. an die Falsche geraten, und Sie sollen wieder einmal der seelische Mülleimer sein und die perfekte Problemlösung bieten. Die jedoch finden Sie – hier, in diesem Buch.

Wir fangen gleich mal an, obwohl wir uns doch noch im Vorwort befinden. Die erste Regel heißt: Glauben Sie einem Single nichts, was er Ihnen über sein eigenes Single-Leben erzählt. Es ist garantiert gelogen.

Lesen Sie die folgende Passage bitte mit verteilten Rollen (erst spricht der Single, dann flüstert sein Gewissen):

»Mir geht es super!« *(Falsch. Dir geht es scheiße!)*

»Männer stören nur!« *(Voll daneben. Du hättest sehr gern wieder eine breite Schulter zum Anlehnen!)*

»Nie wieder eine Frau ins Haus!« *(Geflunkert. Du vermisst das Warme, Weiche, Schöne an deiner Seite!)*

»Ich war noch nie so glücklich wie jetzt als Single.« *(Dreist gelogen. Du hattest bessere Jahre, und in denen warst du nicht allein!)*

»Ich könnte ja eine Beziehung haben, wenn ich nur wollte ...« *(Pinocchio lässt grüßen: Du probierst es doch schon jahrelang, nur klappt es einfach nie!)*

»Glücklicher Single«, das ist ein Widerspruch in sich. Allenfalls gibt es *zufriedene* Singles. Die haben sich damit abgefunden, dass sie immerzu an die Falschen geraten, und machen nun das Beste daraus. Das ist ja auch legitim! Aber zwischen »zufrieden sein« und »Glück« gibt es einen ziemlich großen Unterschied. Und es gibt etwas, das sie alle gern hätten: die richtig schöne Beziehung zu zweit mit Kuscheln und Knutschen, mit gemeinsamen Freunden und schönen Spaziergängen, mit dem Geruch nach gutem Gulasch und vielleicht sogar mit Kindergeschrei.

Die schönste Wohnung wird öde, wenn man immer nur allein darin wohnt. Der tollste Sonnenuntergang macht traurig, wenn man das Abendrot mit niemandem teilen kann. Die geilste Party wird peinlich, wenn man zwangsläufig alleine herumsteht und ständig das Gefühl hat, dass man entweder angestarrt oder bewusst ignoriert wird. Zu zweit ist einfach besser.

Single sein macht seltsam. Und je länger man Single ist, desto seltsamer wird man. Es gibt Singles, die jedem das Gesicht zerkratzen, der sie nett anlächelt. Es gibt Singles, die sich in jeden harmlosen Flirt hineinsteigern, als hätte gerade der Blitz einge-schlagen. Es gibt Singles, die über gar nichts anderes mehr nach-denken können als über die Frage, wann sie denn endlich kein Single mehr sein werden – und die ihrem gesamten Freundeskreis damit tierisch auf den Keks gehen.

Diese kleinen Seltsamkeiten des Single-Lebens sind aber noch gar nichts gegen die größte Seltsamkeit des Single-Lebens. Trifft ein Single nämlich auf einen Menschen, mit dem er sich eine Part-nerschaft vorstellen könnte, so ist derjenige entweder frisch in jemand anders verliebt – oder es handelt es sich auch um einen Single! Also ebenfalls um einen recht seltsamen Menschen mit vielen mehr oder weniger offen zur Schau gestellten Macken (sie-he oben). Seltsamer Mensch trifft seltsamen Menschen: Kommen die vielleicht spontan miteinander klar?

Nein! Kommen sie nicht! Sondern hier potenziert sich die beid-seitige Seltsamkeit zu einem dramatischen, hoch-konfliktiösen, mega-explosiven und von vornherein zum Scheitern verurteilten »Ohne-will-ich-nicht-aber-mit-geht-auch-nicht«-Mix.

Beziehungs-gestörter, emotions-amputierter, scheidungs-ausge-bluteter, mittelloser, egozentrisch-gewordener Männer-Single trifft auf berufs-misstrauische, allzu-oft-verlassene, mega-verletz-liche, hyper-sensible, nahe-am-Wasser-gebaute Singlefrau: Wie soll das denn funktionieren?

Es kann funktionieren. Wenn der eine Single möglichst viel über den anderen Single weiß. Wenn er weiß, und damit sind wir mitten im Thema, »wie Singles ticken«.

Alles wird gut.

Hamburg/Pellworm, im Herbst 2010
Der Autor
(www.haukebrost.de)

1. Kapitel

Der Single als solcher
(eine Gebrauchsanweisung für Anfänger)

Sind alle Singles auf der Suche?

Ich behaupte: Ja. Alle Singles sind auf der Suche. Und zwar ausnahmslos. Zwar gibt es den sogenannten »glücklichen« Single. Der behauptet, dass er überhaupt niemanden sucht. Weil es angeblich gar nichts Schöneres auf der Welt gibt, als Single zu sein. Der »glückliche« Single wird Ihnen erzählen, wie schrecklich das jeweils andere Geschlecht doch ist. »Glückliche« Single-Frauen lästern über Männer*, »glückliche« Single-Männer lästern über Frauen**.

Erst denkt man: Mensch, eigentlich haben die doch recht, diese »glücklichen« Singles! Sie sind beneidenswert unabhängig. Sie zahlen zwar etwas mehr Steuern, aber unterm Strich haben sie doch mehr Geld über. Sie kaufen sich genau dann neue Schuhe oder eine neue Bohrmaschine, wenn sie das möchten. Sie sind niemandem Rechenschaft schuldig. Sie haben eindeutig mehr Abwechslung beim Sex, oder sie könnten zumindest theoretisch mehr Abwechslung haben. Sie wechseln ihre Partner nach Belieben. Sie sind immer wieder frisch verliebt. Langeweile und Routine sind ihnen fremd. Dass eine Partnerschaft auch mal richtig schwierig werden kann, interessiert sie gar nicht – weil sie keine haben! Das ist doch toll. Single zu sein ist offenbar *die* Lebensform unseres Jahrhunderts.

Aber Vorsicht! Wenn Sie genauer hinhören und nachfragen, dann stellen Sie mit hoher Wahrscheinlichkeit fest, dass dieser »glückliche« Single eine Reihe von missglückten Partnerschaften

---

*   *und noch mehr über Frauen, die keine Singles mehr sind*
** *und noch mehr über Männer, die keine Singles mehr sind*

hinter sich hat. Der Single erzählt Ihnen nur von seinen eigenen schlechten Erfahrungen. Einem vermeintlich glücklichen Single sollte man sein Glück deshalb nicht unbedingt glauben. Denn mit hoher Wahrscheinlichkeit hatte er bisher immer nur verdammtes Pech mit Beziehungen.

Das kann sich jedoch ganz schnell ändern, wenn der angeblich so glückliche Single plötzlich auf »Mr. oder Mrs. Right« trifft. Plötzlich ist das Single-Dasein nicht mehr die genialste Lebensform von allen. »Was interessiert mich mein Geschwätz von gestern?«[*] Aus der überzeugten Single-Frau ist über Nacht ein Heimchen am Herd geworden, das die Karriere hinschmeißt und vom Windelwechseln träumt. Aus dem überzeugten Single-Mann wird ein treu sorgender Familienvater, der einen Bausparvertrag abschließt und mit zum Hechelkurs geht. Alles vergessen. Nichts gilt mehr.

Etwas blöd stehen nun die beste Freundin und der beste Kumpel da. Jahrelang haben sie sich die Geschichten vom mehr oder weniger geilen Single-Leben angehört. Sie waren Tröster in der Not, Beichtvater und -mutter, sie waren stets für den Single da und haben ihn unterstützt, getröstet und stabilisiert, so gut sie das eben konnten. Über Nacht ist nicht nur alles Geschichte, was sie jemals an Weisheiten vorzutragen hatten. Nein, viel schlimmer: Sie selbst sind plötzlich nur noch die zweite Garnitur, sozusagen die großen Verlierer der Geschichte!

Was immer sie jemals geraten haben, gilt nun nicht mehr. Ihre Tipps sind nicht mehr gefragt. Der einst so glückliche Single macht nun auf Partnerschaft. Und er verrennt sich total. Recht häufig ist dies zu beobachten: Gerade die einstmals »glücklichsten« Singles vertreten hinterher die spießigsten und konventionellsten Standpunkte in einer Partnerschaft und entsprechen derart konsequent

---

[*] *Konrad Adenauer*

allen nur denkbaren Klischees, dass sie schon fast wie ihre eigenen Karikaturen wirken. So wie sie jetzt sind, wollten sie eigentlich niemals werden.

Aber ist das nicht auch schön? Es zeigt doch eigentlich nur, dass der »glückliche« Single ein Widerspruch in sich ist. Es gibt ihn nur so lange, wie kein geeigneter Partner in Sicht ist. Dann nicht mehr.

Der vormals so »glückliche« Single richtet sich nun behaglich und etwas aufgeregt in seinem neuen Leben als Exsingle ein. Sie kocht für ihren Liebsten, er repariert seiner neuen Liebe den verstopften Ausguss, sie steckt heimelige Kerzen an für die neu entdeckte Zweisamkeit, und sie macht sich hübsch für ihn. Er sagt »Schatz« zu ihr, sie nennt ihn »Bärchen«. Beide denken schon an Kinder, sie teilen die Gehälter, sie grinsen glücklich und dämlich vor sich hin, und sie sind so, wie alle anderen angeblich »glücklichen« Singles es auch nur allzu gern wären.

Also: Dem »glücklichen« Single traue ich nicht. Er ist es nämlich nur so lange, bis er jemanden hat.

Dann gibt es noch den Single, der gar nicht glücklich tut. Sondern permanent und für alle erkennbar ist dieser Single ständig auf der Suche. Er oder sie würde mit jedem etwas anfangen, der nicht bei drei auf dem Baum ist. Nur findet sich niemand, sondern alle sind bereits bei zwei auf dem Baum. Jahrelang kann man als Freundin oder Kumpel so einen Single bei der Partnersuche begleiten, und man wird immer reichlich Arbeit haben. Die besteht darin, dem Single seine ständige sinnlose Verliebtheit auszureden. Weil jedem – außer dem Single – klar ist, dass wieder einmal der Falsche im Spiel ist.

Diese Singles sind besonders undankbar, wenn sie endlich einmal Glück haben. Denn sie werden äußerst ungern daran erinnert, dass sie jahrelang Mist gebaut haben. Wenn sie unter der Haube sind, wollen sie sogar sehr oft mit den Freunden von früher gar nichts mehr zu tun haben. Es ist also davon abzuraten, einen Single auf dem jahrelangen Weg zur idealen Partnerschaft intensiv zu begleiten. Oftmals wird man hinterher in den Schrank gehängt wie ein alter Mantel, der aus der Mode gekommen ist. Und wenn Sie selbst mal Partnerschaftsprobleme haben? Glauben Sie ja nicht, dass Sie irgendwas von Ihrem Einsatz zurückkriegen.

Jetzt noch ein kleiner Absatz, der sich mit *Ihnen* beschäftigt. Gemeint sind SIE! Mit diesem Buch in der Hand! Also: Natürlich gibt es auch Singles, die *sehr hohe Ansprüche* haben. So wie Sie. Diese Singles bleiben deshalb lange allein, weil sie *nicht jeden* nehmen. Sie sind eben *sehr wählerisch*. Wenn man so einen Single trifft: Glückwunsch. Bingo. Das wäre ein Lotto-Sechser. Ein Volltreffer wäre das.[*]

---

[*] *Allein dieses Kompliment war doch schon den Kaufpreis des Buches wert. Und Sie sind erst bei Frage 1 von 111...*

Wie erkennt man, ob jemand
wirklich Single ist oder nur so tut?

Am Ehering bestimmt nicht. Und auch nicht an dem weißen Streifen dort, wo sonst der Ehering sitzt. Denn kaum jemand ist so dämlich, für einen One-Night-Stand den Ehering von der solargebräunten Hand zu nehmen.

Ob jemand Single ist oder nur so tut, das verrät Ihnen seine Körpersprache. Und genau die müssen Sie verstehen lernen. Dann merken Sie ganz schnell, ob er Ihnen die Wahrheit sagt oder lügt.

Achten Sie vor allem auf: a) die Augen, b) die Arme, c) die Beine. Kaum jemand kann nämlich die Unwahrheit sagen, ohne dass Augen, Arme oder Beine ihn verraten. Nehmen wir als Beispiel einen ganz normalen Dialog zwischen Mann und Frau in einer Bar. Die beiden haben mit Blicken geflirtet, sind ins Gespräch gekommen, haben die ersten gemeinsamen Drinks bestellt und unterhalten sich jetzt scheinbar harmlos und gesittet über irgendetwas. Sie machen Small Talk. Aber im Grunde denken beide schon an Sex.

SIE möchte nun wissen, ob ER Single ist. Also bringt sie so ganz nebenbei das Gespräch darauf, zum Beispiel indem sie lächelnd fragt: »Und wer wartet auf dich zu Hause?«

Er sagt: »Niemand wartet auf mich! Ich lebe allein.« Und wir gehen jetzt einmal davon aus, dass dies eine Lüge ist.

Erstens: *Seine Augen.* Eine Zehntelsekunde, bevor ihm sein Lügensatz über die Lippen kommt, wird er (kaum wahrnehmbar, wenn man nicht drauf achtet) für den Bruchteil einer Sekunde nach links oben gucken. Also: Er guckt nach schräg links oben, guckt wieder zurück und lügt.

Zweitens: *Seine Arme.* In dem Moment, wo er den entscheidenden Lügensatz ablässt, verändert er die Armstellung. Vorher hatte er die Arme vielleicht auf dem Tresen mit geradem Ellenbogen aufgestützt; gleichzeitig mit dem Lügensatz bewegt er den rechten Arm etwas nach außen und stützt mit dem linken Arm, den er anwinkelt, sein Kinn ab. Oder er »schließt« die Arme, verschränkt sie also zum Beispiel vor der Brust. Wenn das passiert, können Sie sogar zu 100 Prozent sicher sein, dass er Ihnen etwas vorflunkert!

Drittens: *Seine Beine.* Auch die sagen sehr viel aus. Die Beine sind entweder offen, dann ist man es auch, oder sie sind geschlossen bzw. sogar übereinandergeschlagen. Dann ist man selber auch nicht offen. In dem Moment, wo er den Lügensatz sagt, verändert er seine Beinstellung, schlägt die Beine übereinander oder dreht sich etwas zur Seite, so dass die Beine nicht mehr direkt auf Sie zeigen? Auch ein klares Indiz, dass er die Unwahrheit sagt!

Wenn er aber alles zusammen macht (also vorm Sprechen kurz nach links oben zur Decke schaut, dabei die Armstellung verändert und die Beine schließt), dann haben Sie ihn 150-prozentig ertappt: Der lügt.

Warum ist das so? Warum kann man der Körpersprache so sehr vertrauen? Weil sich kein Mensch ständig unter Kontrolle hat und weil zu jeder psychischen Regung ein physischer Vorgang gehört. Anders ausgedrückt: Wenn sich im Gehirn etwas bewegt, dann bewegt sich auch der Körper.

Noch mal auf Anfang. SIE hatte den vermeintlichen Single gefragt: »Und wer wartet auf dich zu Hause?« ER war natürlich auf diese Frage vorbereitet, also ruft er jetzt aus seinem Gedächtnis die passende Antwort ab, die er für genau diesen Anlass bereits gespeichert hatte. Seine Augen sind der Spiegel des Abrufs der passenden Antwort aus seinem Gedächtnisspeicher. Die Augen sind kurz abgelenkt. Sie schweifen ab.

Und warum guckt er nach links oben und nicht nach rechts oben?, fragen Sie sich jetzt.

Das wiederum hat ganz einfach mit der Motorik des Menschen zu tun. Rechts ist Angriff, links ist Ausweichen. Ein Mann, der Sie verbal fertigmachen will, schaut zum Beispiel gelangweilt nach rechts oben, bevor er Ihren Wutausbruch mit kalter Zynik vernichtet. Ein Mann, der Ihnen etwas verheimlichen will, schaut vor seiner Lüge immer nach links oben.

Nun kommen wir zu den Armen und ihrer Stellung. Der vermeintliche Single-Mann hat sie ebenfalls nicht unter Kontrolle. So wie sich eine Frau beim Flirten ständig mit der Zunge über die Lippen und mit den Händen durch die Haare fährt, wobei sie automatisch ihre stärkste Waffe (nämlich ihre Brüste) nach vorne streckt, genauso sind auch die Arme des Mannes in der geschilderten Situation bestimmten zwanghaften Mechanismen unterworfen. Sie gehorchen ihm nicht. Vorher war er offen (Arme auf dem Tresen aufgestützt, eine relativ schutzlose Körperhaltung), nun verschließt er sich (Arme an den Körper, Kinn aufstützen) – Lüge!

Und nun kommen wir schließlich zu den Beinen. Jede Frau weiß, dass man sie nur in den allerschönsten Momenten öffnet und dass man sie schließt, wenn man auf Distanz Wert legt. Dem Mann in unserem Beispiel geht es genauso. Beine offen und in Richtung der Frau zeigend = Sympathie, Offenheit, Ehrlichkeit. Beine übereinandergeschlagen oder gar weggedreht = Abwehr, Falschaussage. Probieren Sie es einfach mal aus! Üben Sie, die Körpersprache Ihres Gegenübers zu entziffern! Sie werden seltener enttäuscht und fallen weniger auf die falschen Typen rein. Sicher haben Sie diese simple Körpersprache schon oft bei jemandem beobachtet. Nur wussten Sie bisher nichts mit solchen Signalen anzufangen.

Was für Arten von Singles gibt es überhaupt?

Was Sie jetzt lesen, ist nicht sehr nett. Die verschiedenen Singles, wie man sie auf dem Markt trifft, werden nämlich in diesem Kapitel so fies wie möglich dargestellt. Wir verzichten ganz bewusst auf alles, was *für* diese Single-Typen spricht (obwohl wir auch ihre Vorteile erwähnen). Nur wenn Sie das *Schlechte* an einem Single-Typen klar erkennen, fallen Sie nicht *schon wieder* auf den falschen Single rein! Seine wirklich positiven Seiten erkennen Sie dann von ganz alleine und sind angenehm überrascht, dass dieses Buch unrecht hat. So soll es sein.

Die nun folgende Single-Typisierung ergibt sich aus über 1000 Interviews, die für dieses Buch mit »freiwilligen« und »unfreiwilligen« Singles gemacht wurden. Viele Singles gehören allerdings zu *mehreren* der genannten Typen. So ist es zum Beispiel nicht immer leicht, den »Schluss-Macher« (Typ 2) vom »Karriere-Single« (Typ 4) zu unterscheiden. Es kann also gut sein, dass Sie einen ganz bestimmten Single mehrfach einordnen können.

Die befragten Singles wurden über den Zeitraum von über einem Jahr beobachtet. Vielleicht interessiert es Sie, dass von den »unfreiwilligen« Singles danach 65 Prozent und von den »freiwilligen« Singles 72 Prozent immer noch Singles waren.

Single-Typ Nr. 1: Der »verlassene Single«. *Kennzeichen:* Hyperaktiv, immer etwas zu laut und betont fröhlich (natürlich um sein chronisches Selbstmitleid zu übertünchen). *Vorteil:* Sehr offen für heiße Flirts, auch für One-Night-Stands. *Nachteil:* Der chronische Pessimismus des verlassenen Singles kann selbst unverbesserliche Optimisten konterminieren. Dieser Single-Typ steckt einen also leicht mit seinem Selbstmitleid an!

Single-Typ Nr. 2: Der »Schluss-Macher«. *Kennzeichen:* Von tiefer Melancholie geprägt, denn etwas tief in ihm drin sagt: Es war ein Fehler, Schluss zu machen. Vergleicht andere Singles sofort mit dem eigenen Ex, wobei der Ex regelmäßig gewinnt. *Vorteil:* Will garantiert noch keine neue Beziehung, sondern das Single-Leben in vollen Zügen genießen (wird jedoch nie begreifen, was die Leute daran so toll finden). *Nachteil:* Sucht mit hoher Wahrscheinlichkeit demnächst wieder intensiven Kontakt zum verlassenen Ex.

Single-Typ Nr. 3: Der »Dauer-Single wider Willen«. *Kennzeichen:* Grundstimmung eher depressiv. Hasst Gespräche über Partnerschaft, Kinderkriegen, Familienplanung. Zieht sich sofort ins Schneckenhaus zurück, wenn man ihn anflirtet. Wirkt arrogant. *Vorteil:* Lässt sich zwar nur schwer auf eine neue Beziehung ein, ist – wenn es trotzdem klappt – aber treu und anhänglich (möchte ja nicht wieder zum Dauer-Single werden). *Nachteil:* Hat mit hoher Wahrscheinlichkeit irgendeine persönliche Macke, möglicherweise frühkindlich, die man selbst leider meistens zu spät entdeckt.

Single-Typ Nr. 4: Der »Karriere-Single«. *Kennzeichen:* Obercoole Fassade. Blüht erst auf, wenn er von seinem Job erzählen kann. Schaut auf Familienmenschen herunter und lässt keinen Zweifel daran, dass er »so« nicht leben könnte. Auf Partys meistens ein Zu-spät-Kommer (»wichtige Meetings«). *Vorteil:* Leicht durchschaubar. *Nachteil:* Für Partnerschaften bis auf Weiteres ungeeignet (würde sich ohnehin nur jemanden aussuchen, der ihm beruflich weiterhelfen kann).

Single-Typ Nr. 5: Der »überzeugte Single«. *Kennzeichen:* Erzählt ständig davon, wie glücklich man alleine lebt. Versucht sogar, total harmonischen Paaren ihr eigentliches »Unglück« zu verdeutlichen. Mischt sich sowieso gern in Beziehungen ein. *Vorteil:* Bleibt nach dem Sex nicht bis zum Frühstück. *Nachteil:* Für eine feste Partnerschaft wahrscheinlich bereits verdorben.

Single-Typ Nr. 6: Der »Immer-wieder-an-den-Falschen-Gerater«. *Kennzeichen:* Stets frisch verliebt in jemanden, der überhaupt nicht zu ihm oder (vor allem) zu ihr passt. Genauso schnell wieder enttäuscht und am Boden zerstört. Wird regelmäßig ausgenutzt. Ist »himmelhoch jauchzend, zu Tode betrübt«. Heult sich regelmäßig bei der besten Freundin aus. Hat wahrscheinlich ein extremes Problem mit dem eigenen Vater/der eigenen Mutter. *Vorteil:* Keiner. *Nachteil:* Psychisch nicht gestört, aber schwer belastet. Auf jeden Fall hochsensibel und nur mit Vorsicht zu genießen.

Single-Typ Nr. 7: Der »Klammer-Single«. *Kennzeichen:* Für diesen (sehr häufigen) Typ ist es unerträglich, mal einige Wochen, Monate oder gar Jahre allein zu sein. Er oder sie wirft sich dem Nächstbesten an den Hals. Natürlich geht das schief. Da sich der »Klammer-Single« förmlich anbietet, verliert ein Interessent nach dem anderen die Lust an ihm. Der »Klammer-Single« schickt unmittelbar nach der ersten Liebesnacht eine SMS mit Texten wie »Was machst du heute Abend?« oder »Ich kann dich nicht vergessen«. *Vorteil:* Keiner. *Nachteil:* Man wird den »Klammer-Single« nur sehr schwer wieder los.

Single-Typ Nr. 8: Der »Zufalls-Single«. *Kennzeichen:* Hat gerade eine Beziehung beendet oder wurde dazu gezwungen. Das ist noch nicht lange her. Ist in keine der Kategorien 1 bis 7 einzuordnen. Genießt die neue Freiheit. Wirkt entspannt, macht sich nicht viele Gedanken um das, was kommt. Strahlt eine gewisse Selbstsicherheit aus, scheint nichts zu vermissen. *Vorteil:* Ist noch nicht verdorben für eine neue Beziehung. *Nachteil:* In dieser Phase ist der Zufalls-Single besonders wählerisch, ist also nicht so leicht zu haben.

4. Frage

Darf man einem Single erzählen,
dass man selber Single ist?

Irgendwann schon. Die Frage ist nur, *wann* man das tun sollte. Zu früh wäre schlecht, denn der Single würde vielleicht die Flucht ergreifen. Man muss dazu einiges über den heutigen Single wissen.

Wenn wir uns den Single einmal als Tier vorstellen, so könnten wir ihn wohl am ehesten mit einem hungrigen Reh vergleichen. Einerseits ist das Reh ein sehr scheues Tier. Es vertraut dem Menschen nicht, es hat Angst vor ihm und flüchtet ins dichte Unterholz, sobald es einen wittert. Andererseits ist das hungrige Reh aber – eben – hungrig. Also könnte es durchaus bereit sein, sich mit dem Menschen einzulassen. Es muss nur die natürliche Scheu verlieren, dann lässt es sich gerne füttern.

Wenn Sie nun auf einen interessanten Single treffen, sollten Sie ihn zunächst einmal wie ein hungriges Reh behandeln. Dem werden Sie bestimmt nicht gleich ein Bündel Heu entgegenstrecken und laut dabei schreien: »Guck mal, Reh! Hier ist Heu! Nun komm mal her, oder bist du zu blöd?«

Nein, das würden Sie nicht tun. Der Fluchtinstinkt des Rehs wäre stärker als der Hunger. Es würde verschwinden. Ganz vorsichtig werden Sie das Reh deshalb anlocken und erst einmal sein Vertrauen gewinnen. Natürlich würden Sie keinen Zweifel daran lassen, dass Sie über eine Menge Heu verfügen und auch sonst über alles, was ein hungriges Reh liebt. Aber Sie würden doch nicht gleich mit der Tür bzw. mit dem Fuder Heu ins Haus fallen, oder?

Sehen Sie. Es hat schon manch einer zu früh verraten, dass er selber auch ein Single ist. Aber kaum jemand hat es zu spät verraten. Lassen Sie sich deshalb Zeit. Erst einmal gilt es, den scheuen Single zutraulich zu machen.

Die meisten Singles sagen hingegen: Ich möchte schon möglichst früh wissen, ob sie oder er zu Hause eine Familie hat oder alleine ist. Man kann sich dann nämlich dementsprechend verhalten. Die meisten Single-Frauen möchten sich ungern mit einem verheirateten Mann verabreden, und die wenigsten Single-Männer haben Bock darauf, für eine verheiratete Frau den Lückenbüßer zu spielen. Mal eine Nacht, okay, da sagt kaum ein Mann nein, aber investieren möchte er doch lieber in eine Single-Frau – sowohl emotional als auch finanziell.

Das Beste ist, wenn man wartet, bis man gefragt wird. Dann kann man sagen, ob man Single ist. Man kann sogar mit einem oder zwei Sätzen erwähnen, dass man zwar eine Beziehung hat, aber diese nicht wirklich glücklich ist. Mehr allerdings sollte man anfangs keinesfalls verraten. Also kommen Sie bitte nicht auf die Idee, Ihrem nächsten Flirt gleich am ersten Abend die ganze traurige Geschichte Ihrer letzten oder in den letzten Zügen liegenden megatraurigen, furchtbaren, filmreif-dramatischen und nun aber wirklich bald endgültig beendeten Beziehung zu erzählen! Diesen Fehler haben Sie bereits mehrfach gemacht? Dann hoffentlich jetzt nicht mehr!

5. Frage

Mögen es Singles, wenn man sie bemuttert?

Kurzantwort: Nein. Und nun die ausführliche.

Als Bestsellerautor und Partnerschaftsexperte bekomme ich fast täglich Post von Leuten, deren Beziehung mal wieder gründlich in die Hose gegangen ist. 80 Prozent davon sind Frauen. 90 Prozent von ihnen haben den gleichen Fehler gemacht. Sie haben ihren neuen Freund zu sehr bemuttert.

Es läuft immer gleich ab. Man lernt sich kennen, sie schaut sich seine Wohnung an und findet dort ein erhebliches Defizit an allem vor (Sauberkeit, Möbelgeschmack, Kühlschrankinhalt, Ernährungsgewohnheiten inklusive mangelnder Vitamine usw.), und sie beginnt sofort, die Rolle seiner Mutter einzunehmen. Sie putzt, sie dekoriert, sie kauft ein, sie räumt um, sie kümmert sich, sie macht und tut und kocht und – sie fliegt hochkant wieder raus. Sie begreift aber nicht, was passiert ist. Der Sex war gut, man konnte reden (!), man hatte Spaß und alles sah nach einer wirklich schönen beginnenden Beziehung aus. Wieso macht der jetzt Schluss?

Heulend und aufgelöst offenbart sie sich ihrer besten Freundin und schreibt an mich, weil ich doch weiß, »Wie Männer ticken«[*]. Sie fragt aber nicht, ob *sie* etwas falsch gemacht hat. Sie fragt nur, wie sie ihn *zurückkriegen* könnte.

Der kommt aber nicht zurück. Der liegt schon wieder auf dem Sofa, hat die Beine hoch und das T-Shirt mit nix drüber an, rülpst glücklich in seine endlich wiedererkämpfte Single-Zukunft hinein

---

[*] *»Wie Männer ticken«, Schwarzkopf & Schwarzkopf Verlag, auch als Hörbuch – falls Sie mal meine Stimme hören möchten.*

und zappt sich zur *Sportschau* durch. Bedauern tut er allenfalls, dass er sich sein Bier nun wieder selber aus dem Kühlschrank holen muss; diesbezüglich vermisst er sie sogar.

Aber wenn er Bilanz zieht, stellt er fest: Lieber sich das Bier alleine holen, als diese nervige Zicke noch einen Tag länger zu ertragen. Die ist ja schlimmer als seine Mutter! Und dieser blöde Gestank von Räucherkerzen, die sie überall verteilt hat! Die machen einen ja impotent! Raus mit der Blumenvase, die sie angeschleppt hat! Nach den drei Wochen, die man nun endlich wieder alleine lebt als Mann, stinkt das Wasser in der Vase doch geradezu unerträglich! Das Sofa wieder dorthin gerückt, wo es gestanden hat, bevor sie kam! Ist viel gemütlicher! Scheißegal, dass eine Taube aufs Fenster gekackt hat! Kann man nächstes Jahr ebenso gut putzen, denn bis dahin kackt bestimmt noch eine zweite drauf! Im Übrigen lässt sich kein Kerl gerne die Schnäpse vorzählen, die er gestern Nacht wieder verdrückt hat, und ganz ehrlich: So gut war sie nicht im Bett, dass man alles ertragen muss.

Es ist also grundsätzlich ein Fehler, den Single-Mann gleich zu bemuttern. Aber wie hätte es denn besser laufen können? Wie kann man einen Single-Mann denn halten?

Wir sprechen hier nur von der Anfangsphase, okay? Also nicht davon, dass man bereits ein oder zwei Jahre zusammen ist. In der Anfangsphase sollte sich die Frau möglichst rar machen. Sie sollte sozusagen weitgehend unsichtbar sein. Der Single-Mann sollte stets das Gefühl haben, dass er gern ein wenig mehr von seiner neuen Freundin hätte. Die aber besteht darauf, dass sie auch ein Single ist.

Er fragt sich: Warum legt sie so viel Wert auf eine eigene Wohnung? Und warum ist sie nicht hier bei ihm? Warum trifft sie sich mit ihren Freundinnen oder sogar mit anderen Männern, die angeblich nur »gute Freunde« sind? Warum bringt sie sich so wenig ein in die Beziehung? Warum schickt sie um Mitternacht nur eine

SMS oder eine Mail und schreibt, dass sie jetzt schlafen geht, anstatt mit ihm zu schlafen? Ist er denn nicht gut genug für sie?

Das ist der Stoff, aus dem Beziehungen gemacht werden. So muss es laufen. Aber die meisten Single-Frauen sind so übermäßig glücklich, endlich jemanden an ihrer Seite zu haben, dass sie jede Vorsicht vergessen. Das Ergebnis – siehe oben – ist klar: Schon bald sind sie wieder solo. Schade: zu viel zu früh bemuttert. Ich denke, dass es an dieser Stelle bei vielen Frauen klick macht. Aber es ist ja noch nicht zu spät! Beim nächsten Mann machen Sie es einfach anders.

Christian (32) ist Matrose (und Erbe des Schiffseigners) auf dem Binnenschiff »Annika«, das Kohle von einem Tiefseehafen auf verschiedene Kraftwerke in Schleswig-Holstein, Hamburg und Niedersachsen verteilt. Er hatte schon viele Frauen in seiner Koje. Die meisten von ihnen wollten gern für immer bleiben. Er hat sie alle wieder »entsorgt«. Warum?

Christian ist eher wortkarg, aber dann bricht es doch aus ihm heraus: »Na ja, ich hab so meine Gewohnheiten. Zum Beispiel hab ich meinen privaten Werkzeugkasten unterm Bett, und zwar auf der anderen Seite, wo ich nicht rankomme. Denn er ist mein Liebstes. Wenn ich nun ein Werkzeug brauche, latsche ich über mein Bett, hole das Werkzeug, latsche zurück und repariere. Nun mach das mal, wenn eine Frau in der Koje liegt. Die fängt sofort an zu lamentieren: ›Kannste nicht die Schuhe ausziehen?‹, und das nervt. Meine Mutter ist genauso. Aber will ich meine Mutter heiraten?«

Bitten Sie einen Mann also nie, niemals, dass er seine ölverschmierten Schuhe auszieht, bevor er sein Bett auf dem Weg zum Werkzeugkasten überquert.

6. Frage

Muss man bei Singles
mit schweren Neurosen rechnen?

Kurzantwort: Ja. Und nun die ausführliche.

Je länger jemand Single ist, desto gestörter wird er. Verwunderlich ist das nicht. Das Alleinsein macht einen Menschen zwangsläufig seltsam. Man gewöhnt sich Dinge an, die mit einer Partnerschaft nicht kompatibel sind, und man vermisst sie in der neuen Partnerschaft. Ein Dauer-Single, der vielleicht drei Jahre lang überhaupt niemanden hatte, stellt zwangsläufig ein soziales Problem dar. Es wird schwer, ihn oder sie zu resozialisieren.

Zum Glück gibt es genug Single-Frauen, die sich geradezu süchtig auf neurotische Single-Männer stürzen und ihr Seelenheil darin sehen, diese vom unheilvollen Weg des ewigen Single-Seins abzubringen. Frauen mit dem berühmten Helfersyndrom, der Florence-Nightingale-Neurose, dem Mutter-Teresa-Selbstverständnis. Solche Frauen sind recht häufig anzutreffen. Sie fragen sich nicht, ob der Mann ihnen das geben kann, was sie sich von einem Mann erhoffen. Sie sehen nur den bemitleidenswerten Single-Mann, der dringend ihre Hilfe braucht.

Seine Macken und Neurosen, so denken diese Frauen, lassen sich bestimmt beheben. Doch genau da liegt der Denkfehler. Denn sie versuchen, indem sie diese Macken und Neurosen beheben, den einstigen Single-Mann zu *ändern*. Einen Mann ändern zu wollen ist jedoch immer ein schwerer Fehler. Sie lesen mehr dazu in der Antwort zur nächsten Frage. Vorher aber noch die Gegenfrage: Muss denn ein Single-Mann bei Single-Frauen ebenfalls mit schweren Neurosen rechnen?

Nicht unbedingt. Es ist aber hilfreich, wenn *er* sich den Grund für die lange Single-Zeit der Frau genauestens anschaut. Warum war sie denn so lange allein? Die häufigsten Gründe sind diese: 1. Grund: Sie hat sehr hohe Ansprüche, und bisher war der Richtige noch nicht dabei. 2. Grund: Sie hängt immer noch an ihrer letzten großen Liebe und war bisher nicht imstande, sich auf eine neue einzulassen. 3. Grund: Sie hat in den letzten Jahren ihre gesamte Power in den Beruf gelegt und hatte deshalb keine Möglichkeit, jemanden kennenzulernen. 4. Grund: Sie hat ein Kind, und Frauen mit Kind sind auf dem Single-Markt nicht unbedingt beliebt. Außerdem wollte sie dem Kind nicht ständig einen neuen Partner präsentieren. 5. Grund: Sie entspricht optisch nicht dem derzeit gängigen Ideal des Single-Mannes, der in einer Kneipe oder Bar den Blick schweifen lässt.

Das waren fünf Gründe. Hier werden sie nun bewertet. Hierfür werden Schulnoten von 1 bis 6 vergeben (1 = unbedingt zugreifen, 6 = Finger weg).

1. Grund: Kriegt eine glatte 1. *Begründung:* Das klingt plausibel. Ist doch geil, wenn man selber endlich der Richtige ist! 2. Grund: Eine glatte 5. *Begründung:* Das wird sich auch in den nächsten Jahren nicht ändern; man kämpft gegen ein Phantom. 3. Grund: Kriegt eine 3. *Begründung:* Das kann zwar stimmen. Aber wird sie künftig bereit sein, neben dem Job auch der Beziehung den notwendigen Raum zu geben? 4. Grund: Note 1. *Begründung:* Das ist einfach so, die Frau hat recht, und wenn man Kinder mag – bingo, zugreifen. 5. Grund: Note 2. *Begründung:* Tatsächlich haben es wunderbare Frauen mit gewissen optischen Handicaps auf dem Single-Markt extrem schwer. Man kann intelligente, liebevolle und auch sonst einfach wunderbare Partnerinnen finden, wenn man sich nicht länger dem Diktat der optischen Einschätzung durch die eigenen Kumpels unterwirft.

Ändern sich Singles, wenn sie keine mehr sind?

Kurzantwort: Jein. Und jetzt die ausführliche.

Eines ist sicher: Die bange Frage aus der Überschrift stellt sich fast jeder, der selbst ein Single ist und künftig gemeinsam mit einem anderen Single kein Single mehr sein möchte. Denn irgendwas ist ja immer. Also im Prinzip scheint alles zu stimmen, wenn da nicht ... dies und jenes wäre ... was man ihm vielleicht noch abgewöhnen müsste ... Wenn man doch nur vorher wüsste, ob sich ein Single überhaupt noch ändern lässt! Sollte man es also versuchen, oder hat das gar keinen Sinn?

Erfahrene Singles sagen: Wenn es schon so losgeht, dass Sie den anderen ändern möchten, sollten Sie es ganz lassen und weitersuchen. Da ist kein Segen drin. Entweder haben Sie das Gefühl: Ja, das ist es, da stimmt alles!, oder Sie sind auf dem falschen Dampfer. Der fiese Alltag bringt Ihnen beiden noch genug Überraschungen und Enttäuschungen. Trotzdem kann man die Frage ja mal theoretisch erörtern.

Jede Beziehung verändert einen Menschen. Niemand ist in einer Partnerschaft noch so, wie er als Single gewesen ist. Man lebt doch ganz anders. Man spricht mehr, man isst gemeinsam, man hat regelmäßigen Sex mit immer demselben, man macht Zukunftspläne zu zweit, man verreist gemeinsam, man lebt mit der Familie des anderen, und man sorgt füreinander. Das ganze Leben verändert sich, und man selbst ändert sich mit. Also: Ja. Natürlich ändern sich Singles, wenn sie keine mehr sind.

Die andere Seite der Medaille sieht so aus: Jeder erwachsene Single ist ein erwachsener Mensch mit einer eigenen Persönlichkeit, mit eigenen Vorlieben, Schwächen und Fehlern. Die bleiben, denn sie gehören zu ihm. Wenn Sie als Frau glauben: Alles stimmt an diesem Mann, nur seine Kumpels muss ich ihm noch abgewöhnen – dann versuchen Sie, ihn von seinem ganzen Freundeskreis zu trennen, von seinem sozialen Halt, von seinem Umfeld. Das wird nicht lange gutgehen.

Oder sein Verhältnis zu seiner Mutter. Ein Leben lang sind die beiden eng verbunden, und nun kommen Sie. Glauben Sie wirklich, dass Sie einem Mann seine Mutter abgewöhnen können?

Oder seine Liebe zum Fußball. 20 Jahre hat er kein Spiel seines Vereins verpasst, und nun sind Sie da und wollen am Sonnabendnachmittag mit ihm shoppen gehen? Vergessen Sie das ganz schnell. Sie sind dabei, ihn unglücklich zu machen. Er wird sich das eine Weile gefallen lassen, aber je nachdem, was für ein Typ er ist, wird er Sie entweder bald verlassen oder schweigend vor sich hin leiden. Beides wäre schlecht.

Natürlich sieht es mit kleineren Macken anders aus. Sie können einem Single durchaus beibringen, dass man die Klotür zu schließen hat, wenn man nicht allein in der Wohnung ist (Sie ahnen nicht, für wie viele Menschen dies eine Neuigkeit ist). Sie können dem Single nahelegen, doch bitte künftig nicht mehr nach dem Essen zu rülpsen (mit so jemandem würden Sie nie …? Aber was ist, wenn sonst alles stimmt?). Dass eine Frau nicht mit Lockenwicklern am Frühstückstisch und ein Mann nicht im verschwitzten T-Shirt vor dem Fernseher sitzen sollte, ist ebenfalls vermittelbar.

Man muss sich aber fragen, was für eine *Geisteshaltung* hinter diesen scheinbar abänderbaren kleinen Macken steckt. Ist ein Mensch, der beim Pinkeln die Tür auflässt, nach dem Essen rülpst, mit Lockenwicklern zum Frühstück erscheint und den Abend im verschwitzten T-Shirt vorm Fernseher beendet, nicht in Wahrheit ein Mensch ohne Manieren und Stil? Doktern Sie nicht an äußeren Symptomen herum, ohne das eigentliche Wesen dieses unerzogenen Monsters und damit die Ursache für sein schreckliches Fehlverhalten zu erreichen? Halten Sie sich nicht mit solchen Äußerlichkeiten auf. Denken Sie lieber darüber nach, ob Sie sich den Richtigen geangelt haben. Vermutlich lautet die Antwort: Nein.

8. Frage

Sollte man überhaupt nach Singles suchen oder lieber nach jemandem, der liiert ist?

Wenn jede dritte Ehe geschieden wird (in Großstädten jede zweite), dann ist die Chance, einen unglücklich Liierten kennenzulernen, fast größer als die Chance, auf einen Single zu treffen. Deshalb ist die Behauptung vieler Single-Frauen, dass sie niemals etwas mit einem verheirateten Mann anfangen würden, nicht mehr so ganz zeitgemäß.

Verheiratet zu sein bedeutet heute nicht mehr, dass man auch glücklich ist (das hat es doch sowieso noch nie bedeutet. Fragen Sie mal Ihre Eltern nach deren Bekanntenkreis!). Es könnte also durchaus Sinn machen, die Kriterien bei der Partnersuche ein wenig zu erweitern und auch mal scheinbar Liierte abzuscannen, ob da nicht was geht. Vielleicht sind die ja längst schon zum Absprung bereit und haben sich bisher nur nicht getraut, auch weil sie keine Alternative hatten! Sollte man denn warten, bis die auch ganz offiziell Singles sind? Nein, das wäre verkehrt. Hier einige Situationen, die am häufigsten vorkommen, gleich mit den Faktoren *Glaubwürdigkeit* sowie *Risiken* und *Erfolgschance*.

1. SIE lernt IHN kennen, und er sagt, dass er zwar verheiratet ist, aber unglücklich. Das dürfte jetzt vielen bekannt vorkommen. *Glaubwürdigkeit:* Gering. Genau das sagen Männer, wenn sie ein Verhältnis suchen, ohne sich je von ihrer Frau trennen zu wollen. *Risiken:* Sehr hoch, wenn man was fürs Leben sucht. Gering, wenn man selber ein Verhältnis ohne weitere Verpflichtungen haben möchte. *Erfolgschance:* Gut! Sofern man die eigenen Erwartungen nicht zu hoch schraubt.

2. ER lernt SIE kennen, und sie sagt ganz klar, dass sie einen Partner hat, aber sie flirtet trotzdem und möchte es nicht dabei belassen. *Glaubwürdigkeit:* Hoch. So etwas denkt sich keine Frau aus. *Risiken:* Ebenfalls hoch. Sie wird niemals mehr wollen als eine flüchtige Affäre. *Erfolgschance:* Gering. Eine Partnerschaft wird nicht daraus.

3. ER ist mit IHRER besten Freundin liiert, aber die beiden passen überhaupt nicht zusammen, und endlich hat er es auch kapiert. Sie hat keine Skrupel, der Freundin den Freund auszuspannen, und er zeigt ernsthaftes Interesse. *Glaubwürdigkeit:* Hoch. Wenn ein Mann den mit dieser verzwickten Situation verbundenen Stress auf sich nimmt, könnte was draus werden. *Risiken:* Man verliert natürlich die Freundin. *Erfolgschance:* Nicht schlecht, da man ja schon einige Gemeinsamkeiten hat.

4. SIE ist mit SEINEM besten Freund liiert und flirtet trotzdem schamlos mit ihm.* *Glaubwürdigkeit:* Medium. Frauen lieben den Kitzel des Verbotenen; sie könnte im entscheidenden Moment einen Rückzieher machen. *Risiken:* Nicht zu unterschätzen. Vielleicht will sie wirklich »nur spielen«? *Erfolgschance:* Ebenso hoch wie bei Punkt 3.

5. ER sagt, dass er bereits beim Scheidungsanwalt war und am liebsten gleich zu IHR wechseln würde. *Glaubwürdigkeit:* Hoch. Kann gut sein, dass er es ernst meint. *Risiken:* Auch hoch. Warum lebt er nicht erst mal eine Weile allein? *Erfolgschance:* Gering. Dieser Mann sucht einen Mutterersatz und keine gleichwertige Partnerin.

6. SIE sagt das Gleiche, nur anders herum. *Glaubwürdigkeit:* Sehr hoch. *Risiken:* Eher gering. Wahrscheinlich sucht sie einen neuen Versorger, und die Rolle kann man getrost über-

---

* *»Manchmal möchte ich schon mit dir... Du verlierst den Mann ... Ich verlier den Freund ...« War das nicht Roland Kaiser?*

nehmen. *Erfolgschance:* Medium. Wir leben in einer Zeit, in der die Rollen gleich verteilt sind, und der Mann als solcher möchte kein Versorger mehr sein. Auch können sich das die meisten Männer gar nicht mehr leisten.

2. Kapitel

Der Single, das erste Date und die alles entscheidende Woche danach

Was ist die beste Location?

Das erste Date findet natürlich nicht in der eigenen Wohnung statt, sondern auf neutralem Boden. Hat man die Wahl zwischen einer Bar und einem Restaurant, so wählt man Letzteres. Ganz einfach, weil man in der Bar gnadenlos aufeinander angewiesen ist (man muss sich ständig mit dem Gegenüber beschäftigen), während man in einem Restaurant durch die Speisekarte, den Kellner, das Bestellen und das Essen abgelenkt wird.

Hat man die Wahl zwischen einem teuren Restaurant und einem eher durchschnittlichen, so wählt man ebenfalls das Letztere. Erstens zeigt man dem Single durch diese Wahl, dass man bodenständig und nicht so teuer ist. Zweitens kann man ein Pizza-Essen notfalls schneller beenden als ein Fünf-Gänge-Menü in einem Fünf-Sterne-Laden. Drittens kann man sich in einer Pizzeria ungezwungener benehmen als zum Beispiel im Restaurant des Berliner Hotel Adlon und kann einem ausgemachten Idioten ohne große Peinlichkeit auch mal den Rotwein ins Gesicht kippen: Den Pizza-Wirt stört das nicht so sehr, während es im Adlon zu diplomatischen Verwicklungen führen könnte.

Die beste Location ist auf jeden Fall eine, in der man selbst zu Hause ist. Man sollte auf jeden Fall versuchen, den Single dorthin zu locken. Man sollte das aber keinesfalls vorher verraten. Also. FALSCH: »Wir treffen uns um 8 im Sole Mio, das ist mein zweites Zuhause!« RICHTIG: »Wir treffen uns um 8 im Solo Mio, da hab ich kürzlich schon mal super gegessen!« SO geht das.

Wer sich aber nicht an die Empfehlung mit dem Restaurant halten möchte, sondern trotzdem die Bar bevorzugt, dem sei dies ans Herz gelegt. Wählen Sie eine Bar Ihres Vertrauens, wo Sie auf Blickkontakt zum Barkeeper sind und cool mit einem Finger-schnipsen Nachschub kriegen. Peinlich ist es, wenn Sie jeden Drink gleich bezahlen müssen: falsche Location.

Verabreden Sie sich so spät wie möglich. Nicht um 8 oder 9, sondern kurz vor Mitternacht. Bleiben Sie nüchtern bis dahin, trinken Sie dann aber einen harmlosen Lockermacher wie zum Beispiel einen Sekt. Setzen Sie sich immer mit dem Single an die Bar und nie an einen Tisch. Wenden Sie sich dem Single auf dem Barhocker voll zu. Achten Sie auf Ihre Beine, die müssen parallel auf den Single zeigen. Schlagen Sie sie nicht übereinander.

Kommen Bekannte von Ihnen in die Bar und begrüßen Sie überschwänglich, wimmeln Sie sie ab. Aber nicht, ohne sie kurz dem Single vorzustellen. Es ist nicht schlecht, wenn Sie viele der Gäste kennen, aber Sie müssen sie an diesem ersten Abend weit-gehend ignorieren. Ein kurzes Hallo, und das war's.

Wenn Sie ein Mann sind und die Single-Frau muss mal aufs Klo, stehen Sie kurz auf oder deuten es wenigstens an. Wenn Sie eine Frau sind und der Single-Mann muss mal aufs Klo, lassen Sie sich so lange nicht von jemand anders anquatschen. Wenn sie oder er auf Klo ist, dürfen Sie blitzschnell bezahlen. Sie dürfen aber nicht gehen, bevor sie oder er vom Klo zurück ist.[*] Nutzen Sie die Zeit, während sie oder er auf Klo ist, um über das nächste Gesprächsthema nachzudenken. Was möchten Sie von dem Single noch wissen? Wenn sie oder er vom Klo zurückkommt, ist er oder sie »unsortiert«, auf nichts vorbereitet, gewissermaßen hilf- und schutzlos: der ideale Moment, eine brisante Frage knallhart zu stellen. Und zwar genau in dem Moment, wo sie oder er sich wieder auf den Barhocker quält.

---

[*] *Es sei denn ... Na ja, wir wollen doch nicht das Schlimmste befürchten. Außerdem wäre es feige.*

Die ideale Location fürs erste Date ist also ein schlichtes Restaurant oder ersatzweise eine Bar, in der man selbst zu Hause ist, der Single aber nicht. Nun gibt es viele Menschen, die haben so eine Bar gar nicht. Sie gehen einfach nicht so oft in Bars. Wenn sie nun einen Single kennenlernen und sich mit ihm fürs erste Date verabreden möchten, dann haben sie ein Problem. Denn sie wissen nicht, wohin.

Deshalb – und nun kommen wir zu einer der Grundregeln für alle, die gerne mal einen Single kennenlernen möchten – ist es für jeden Mann und vor allem für jede Frau auf der Suche nach einem Single extrem wichtig, irgendwo da draußen auf der Straße zu Hause zu sein. Irgendeine Tür muss es geben in diesem Universum, hinter der man freundlich willkommen geheißen wird. Nichts ist schlimmer, als wenn man überall fremd ist. Schaffen Sie sich Ihr eigenes Universum. Gehen Sie hinaus in die Welt. Irgendwo da draußen gibt es eine Kneipe, einen Italiener oder eine Bar, in der Sie schon bald zu Hause sein werden. Pflegen Sie das liebevoll. Sie werden diese Location brauchen, wenn Sie einen Single dorthin schleppen.

10. Frage

Was zieht man am besten an?

Das, worin man sich wohlfühlt. Das ist die wichtigste Regel, die über jedem angesagten Dresscode steht. Trägt SIE das ganze Jahr über am liebsten Jeans und Slipper, so sollte sie zum ersten Date ebenfalls in Jeans und Slippern erscheinen. Mag ER einfach nichts anderes tragen als seine geliebte Lederjacke, so ist diese im Zweifelsfall genau die richtige Klamotte. SIE würde sich unwohl fühlen, wenn sie sich in hochhackige Pumps zwängt oder bei der neuen Bluse nie ganz sicher ist, ob nicht zu viel rausguckt. SIE würde sich verkrampfen, ihre Körpersprache wäre unecht und gekünstelt, er würde das missverstehen, und der Abend könnte nur daran scheitern, dass sie »mal was Neues« ausprobieren wollte. ER wirkt ungemein verspannt, wenn er den ganzen Abend versucht, das neue Jackett glattzustreichen, oder gar unentwegt nach seinem Krawattenknoten greift. Im Übrigen gilt natürlich: Was man anzieht, muss zueinander und zur Location passen.

Achten Singles denn überhaupt darauf, welche Klamotten man für das erste Date gewählt hat? Die Antwort ist ein ganz klares Ja. IHM fällt es auf, wenn SIE sich in eine zu enge Hose quetscht. Gut findet er das nicht. SIE achtet genau darauf (ganz wichtig, Jungs!), ob SEINE Schuhe geputzt sind. ER findet es gut (genauso weit reicht seine typisch männlich-eingeschränkte Wahrnehmungsfähigkeit), wenn sich irgendein Farbton im Styling bei ihr wiederholt (also zum Beispiel Ohrringe passend zum Armreif o.Ä.). SIE ist da etwas anspruchsvoller und guckt auch genauer hin, weshalb ER im Zweifelsfall (abweichend von obiger Grundregel) aufs geliebte Goldkettchen ausnahmsweise mal verzichten sollte.* SIE hingegen tut gut daran, sich beim ersten Date den Lippenstift nicht am Tisch nachzuziehen.**

Das Handy schaltet man beim ersten Date mit einem Single demonstrativ aus, was bedeutet: Man tut es nicht heimlich, sondern der Single soll es mitkriegen. Dazu murmelt man vernehmlich: »So, das schalten wir jetzt mal aus.« Das signalisiert dem Single, dass dieser Abend ganz alleine ihm gehört, und er wird sich unbewusst bemühen, dieser Ehre gerecht zu werden.

Viele Menschen, die mit einem Single verabredet sind, ignorieren diese einfache Regel. Sie glauben sogar, dass es sie wichtig und interessant macht, wenn ihr Handy ständig piepst. Der Single jedoch ist »not amused«. Selbst wenn man zum Telefonieren mit einer halbherzigen Entschuldigung vor die Tür geht, was natürlich Mindeststandard ist, fühlt sich der Single hintenangestellt. Er fragt sich erstens, wer da so viel wichtiger ist als er selbst, und reagiert ungehalten. Zweitens nutzt der Single die Minuten, wo man selber draußen vor der Tür ins Handy plappert, um die erste Euphorie ein wenig zu bremsen, das heißt: Er zählt in Gedanken alle Flops auf, die ihm in der letzten Stunde aufgefallen sind (protziger Typ, falsche Grammatik, zu schrille Lache, blöder Witz, spricht zu viel von sich, schlechte Zähne, unmögliches Hemd, nuttige Bluse usw.). Das tut der Single sogar dann, wenn der Abend bisher eigentlich glänzend verlaufen ist! Es handelt sich um eine Art Selbstschutz-Automatik, um späteren Enttäuschungen vorzubeugen.

Drittens gibt man dem Single, der am Tisch oder Tresen sitzen geblieben ist, beim Hereinkommen von draußen die Möglichkeit, das eigene Outfit noch einmal aus anderer Perspektive kritisch zu betrachten, und da fällt dem Single womöglich etwas auf, was er

---

* Es gibt eine Menge weibliche Singles, die Goldkettchen für prollig halten.

** Es gibt eine Menge männliche Singles, die Lippenstiftnachziehen am Tisch für prollig halten.

so früh noch gar nicht wahrnehmen sollte. Sie wissen ja selbst am besten, was Sie bei diesem ersten Date mit dem Single so gut wie möglich kaschieren wollten, nicht wahr?

Viertens kommt man in Erklärungsnot, wenn man von draußen wieder reinkommt, denn natürlich will der Single nun wissen, was denn so wichtig gewesen ist, dass man ihn hat warten lassen. Gar nichts zu sagen und sich mit einem lässigen »Wo waren wir gerade stehen geblieben?« wieder hinzusetzen, ist eine glatte 6 – stillos, peinlich, voll daneben. »Tschuldigung, das war nur mein(e) Ex, der (die) leidet immer noch unter der Trennung« ist eine 6 -. »Das war meine kleine Schwester, ihre Waschmaschine ist kaputt« kommt im Zweifelsfall immer gut, weil es nach Familiensinn klingt – wird aber leicht als Notlüge durchschaut. Zumal, wenn es schon weit nach Mitternacht ist.

Sehr häufig schaut der Single auf die Uhr, wenn man vom Telefonieren wieder reinkommt, sagt »Oh, so spät schon« und dass er nun wirklich gehen muss. Es dürften sogar schon -zig tausende Beziehungen überhaupt nicht zustande gekommen sein, nur weil man das Handy beim ersten Date eingeschaltet ließ. Wenn's aber nicht anders geht (zum Beispiel weil man für den Babysitter erreichbar bleiben möchte): auf lautlos stellen, den Sachverhalt erklären und alle anderen Anrufe unbeantwortet wegdrücken. Dann klappt's auch mit dem Single.

11. Frage

Soll man einen Single warten lassen?

Es wurde nie erforscht, warum vor allem Frauen das so gerne tun. Wenn sie sagen: »Um 8 in der und der Bar«, dann kommen sie selten vor zwanzig nach. Dass sie sich mal wieder beim Aufstylen in der Zeit vertan haben, kann natürlich ein Grund sein, ist aber nicht sehr logisch. Dafür passiert es einfach zu häufig.

Nein: Die Frau möchte unter allen Umständen den Eindruck vermeiden, dass sie auf genau dieses Date »gewartet« hat, denn wenn sie als Erste erscheint, würde sie ja genau das tun: auf den Single »warten«, und wenn es nur fünf Minuten sind. Das mögen Frauen nicht. Also kommen sie regelmäßig mit Absicht zu spät. Der männliche Single wartet aber ebenso ungern. Deshalb ist es am besten, wenn man beim ersten Date exakt pünktlich ist, und zwar auf die Minute. Lieber vorher noch mal ums Viereck gehen und mit Glockenschlag die Bar betreten, noch besser: gemeinsam mit dem Single die Tür erreichen und sich schon draußen begrüßen! Männliche Singles mögen das, und weibliche sind sehr erleichtert, dass sie nicht alleine reingehen müssen und dann von allen angestarrt werden.

Die zweite (Ersatz-)Möglichkeit ist, dass man tatsächlich zu spät kommt, aber auf Glockenschlag das Handy piepsen lässt und einen Stau oder die vergebliche Parkplatzsuche als plausiblen Grund nennt. In diesem Fall geht das so: »Ich bin's! Bist du schon da? Bei mir dauert's noch 10 Minuten ... Wunderbar. Dann treffen wir uns vor der Tür. Bis gleich!« Gut gelaufen, keiner sitzt drinnen dumm rum. Übrigens betritt der männliche Single die Location immer zuerst; hier lässt er der Frau nicht den Vortritt.

Ist es denn so wichtig, ob man einen Single beim ersten Date ein paar Minuten warten lässt oder nicht? Ja! Jede Kleinigkeit ist wichtig! Singles sind extrem scheue Wesen. Je länger sie Single sind, desto scheuer werden sie. Aus einer Mücke machen sie einen Elefanten. Ihre Toleranzgrenze ist nahe null. Sie neigen zu einem latenten Pessimismus (»Wird ja doch nichts draus«) und sind stets leicht depressiv (»Alles ist schrecklich«). 10 Minuten alleine in der Bar sitzen und aufs erste Date warten, das multipliziert diese tristen Eigenschaften. Gut ist das nicht für den weiteren Verlauf des Abends, und das obligate »Macht doch nichts, ich bin auch gerade erst gekommen« ist eine der häufigsten höflichen Single-Lügen. Es macht sehr wohl etwas, und der Single wartet schon eine gefühlte Ewigkeit.

Nun kann es ja sein, dass man mit dem Single gar nicht in einer Bar oder einem Restaurant verabredet ist, sondern man soll ihn fürs erste Date zu Hause abholen. Weil es praktischer ist, weil man so schwer einen Parkplatz findet oder weil sie oder er gar kein Auto hat. Weibliche Singles finden es sogar gut, wenn er sagt: »Ich hol dich ab.« Was nun? Einparken, klingeln und raufgehen? Schon mal die Wohnung begucken, während SIE sich im Bad zurechtmacht?

Keinesfalls. Zweite Reihe parken, oben anrufen: »Ich stehe vor der Tür, kannst runterkommen.« Aussteigen und der Single-Frau die Tür aufhalten (ganz wichtig, auch wenn man mit der Taxe vorfährt). Apropos Taxe: Man setzt sich grundsätzlich nicht nach vorn, sondern nach hinten zu dem Single. Es zahlt die Taxe grundsätzlich der Mann, er wartet bitte nicht aufs Wechselgeld (zumindest nicht, wenn die Rechnung unter 10 Euro beträgt und er es einigermaßen passend hat), und er lässt sich bitte keine Quittung ausstellen, während sie draußen in der Kälte zittert. Alles Kleinigkeiten! Aber der Single registriert sie genau.

Darf man einem Single gleich ganz viel erzählen?

Es gibt Singles, die sind sehr gehemmt und können schwer aus sich herausgehen. Sie sprechen anfangs wenig. Um keine quälenden Gesprächspausen aufkommen zu lassen, muss man also selber reden. Es gibt Singles, die sind anfangs recht nervös. Sie quasseln aus Nervosität, nur damit eben diese Gesprächspausen vermieden werden. Bei denen hat man automatisch die Rolle des stillen Zuhörers. Und dann gibt es Singles, die lange keinen mehr zum Reden hatten oder von Natur aus extrem mitteilungsbedürftig oder ganz einfach schlechte Zuhörer sind. Die erzählen einem gleich ihr ganzes Leben, was auch ziemlich nervig sein kann. Jede Wette, dass Sie auch schon mal mit so einem Single zu tun hatten!

Ideal ist es, dem Single zwei Drittel der Zeit zuzuhören und ein Drittel von sich selbst zu erzählen. Singles mögen das Gefühl: Sie oder er interessiert sich für mich, fragt sogar nach und merkt sich etwas von dem, was ich erzähle.

Auf den Punkt gebracht, ist die Frage aus der Überschrift also mit nein zu beantworten. Man erzählt dem Single nicht gleich »ganz viel von sich«, sondern man hört ihm im Zweifelsfall mehr zu und gibt nur das von sich preis, was der Single ausdrücklich wissen möchte. Im Hinterkopf sollte man stets diesen unnachahmlich gelungenen Werbespot aus der Haushaltsgerätewerbung haben: Auf einem Empfang wird SIE von einer zickigen Dame gefragt: »Und was machen Sie beruflich?« Sie denkt an kochen, Spielzeug einsammeln, Tränen trocknen und Wäsche waschen und sagt bescheiden und dennoch mit unnachahmlicher Arroganz: »Ich führe ein sehr erfolgreiches kleines Familienunternehmen.«

Genau so: anfangs nur preisgeben, was der Single ausdrücklich wissen möchte. Für weitere Details kann er ja nachfragen. Und dabei wird sich schon zeigen, ob er nur Small Talk möchte oder wirklich an einem interessiert ist.

Es kommt zum Beispiel beim ersten Date mit dem Single die Rede auf verflossene Partnerschaften. Der Single hat gerade erzählt, woran seine Ehe gescheitert ist und was seitdem passiert ist. Okay, man hatte danach gefragt und wollte das auch wirklich gerne wissen; insofern ist es okay. Jetzt kommt aber zwangsläufig die Gegenfrage, wie es einem selber so ergangen ist. Wer jetzt die Gelegenheit nutzt und vor dem scheinbar höchlichst interessierten Single die ganze traurige Geschichte der letzten eigenen Beziehung ausbreitet, dabei vielleicht noch emotional wird und zu heulen beginnt, der macht einen schweren Fehler. Denn nicht jeder Single, der gerne von sich selbst erzählt, hört auch ebenso gerne zu! Auch hier gilt die Zweidrittel-Regel: Immer ein Drittel weniger sprechen als der andere.

»Wir hatten uns nichts mehr zu sagen« ist besser als »Er ist mit meiner besten Freundin ins Bett gegangen« (was beim Single obendrein noch die Frage nach dem »Warum wohl« aufwirft). »Wir hatten eine schöne Zeit, aber es hat am Ende nicht mehr funktioniert« ist besser als »Sie konnte nicht mit Geld umgehen« (was den Single am Ende noch daran hindern könnte, die Dessertkarte zu verlangen). »Wir sind immer noch gute Freunde« ist besser als »Ich kann ihn einfach nicht vergessen« (was den Single – übrigens vollkommen zu Recht – sofort in die Flucht treiben würde). »Ich lebe gern allein« ist besser als »Ich hasse es, allein zu sein« (ganz egal, ob Letzteres der Wahrheit vielleicht näherkommt).

Das Gleiche gilt für alles, was man beruflich oder als Hobby macht. Die Frage »Will er/sie das wirklich jetzt schon so genau wissen?« stellt man sich beim ersten Date mit einem Single meistens zu selten, aber nie zu oft. Der Single fragt zwar gerne nach, aber er heuchelt ungern Interesse bei langatmigen Monologen, wo er doch nur mal kurz und womöglich auch nur aus Höflichkeit eine klitzekleine Frage gestellt hat.

ER ist Fußball-Fan. Die Single-Frau hatte ihn danach gefragt. Aber wollte sie wirklich die Entwicklung der Vereinsgeschichte samt Aufzählung der vielen Fehleinkäufe in den letzten zehn Jahren sowie alle Details, die Unfähigkeit des Trainers betreffend, und womöglich auch noch die Abseitsregel erklärt bekommen? Jungs: Drei Sätze zur momentanen Situation des Vereins, und danach sofort die Frage an die Single-Frau, was sie privat beschäftigt! Zwei Drittel zuhören, ein Drittel erzählen.

SIE ist Vorstandssekretärin. Der Single-Mann hatte sie danach gefragt. Aber wollte er wirklich sämtliche privaten Macken der ihm vollkommen unbekannten Chefs, ihre eigene Unentbehrlichkeit im Betrieb und die prekäre Gesamtlage der Branche unter Berücksichtigung der momentanen Wirtschaftskrise erklärt bekommen? Mädels: Drei Sätze zum eigenen Job, und danach sofort die Frage an den Single-Mann, was er beruflich macht. Zwei Drittel ... Genau. Geht doch!

Nun ein anderes (das optimale) Szenario. Die Zeit scheint zu rasen. Man hat den Kellner dreimal fortgeschickt, weil man vor lauter interessanten Gesprächsthemen die Speisekarte noch nicht einmal aufgeschlagen hatte. Das Essen wurde beinahe kalt, weil man sich so viel zu erzählen hatte. Weder der Single noch man selber hat schon genug vom anderen erfahren, tausend Fragen tun sich auf, und jeder möchte, dass der andere mehr von sich preisgibt: Dies – und nur dies – ist die Situation, in der man etwas mehr von sich selbst erzählen darf, wenn auch immer noch nicht »sehr viel«. Denn eines wollen wir nicht vergessen: Es handelt sich immer noch um das erste Date.

13. Frage

Warum bestellen Singles meistens das Gleiche wie man selber?

Diese Frage scheint simpel zu sein. Ja, geradezu unwichtig. Aber sie ist symptomatisch. Wer einen Single verstehen will, der muss ihn sehr genau beobachten und viele verschiedene Signale richtig deuten können. So auch dieses. Denn was der Single im Restaurant bestellt, ist keinesfalls zufällig. Es hat auf jeden Fall eine gewisse Bedeutung.

Bestimmt haben Sie schon mal einen Krimi geguckt, in dem ein sogenannter »Profiler« mitspielte. Profiler sind Profis für die Seele. Sie versetzen sich in einen Menschen hinein und können in seinem Gehirn lesen wie in einem Buch. Im Krimi helfen sie, einen Mörder zu fassen.

Hier geht es zwar nicht um Mord, sondern nur um das erste Date mit einem Single, aber es gibt eine Gemeinsamkeit: Auch Sie möchten gern ein »Profiler« sein. Denn Sie möchten in die Seele des Singles hineingucken können, um ihn möglichst rasch zu durchschauen. Schließlich geht es ja um die Frage, ob dieser Single für Sie in Betracht käme!

Als »Single-Profiler« achten Sie auf jedes noch so unwichtige Detail. Welche Sitzposition nimmt der Single im Restaurant ein? Wie ist die Körperhaltung? Wer entscheidet sich als Erster für ein bestimmtes Gericht von der Speisekarte, und wer entscheidet sich erst danach, der Single oder Sie? Und was bestellt der Single dann? All das lässt Rückschlüsse auf die derzeitige Befindlichkeit des Singles zu, auf seine Gemütslage, seine emotionale Stimmung, seine innere Anspannung bzw. seine Entspanntheit. Alles ist wichtig. Jede Kleinigkeit.

Und plötzlich gewinnt die Frage, warum der Single meistens das Gleiche bestellt wie Sie, tatsächlich eine bisher ungeahnte Bedeutung.

Spielen wir das jetzt einmal durch. Sie und der Single sitzen sich gegenüber. Sie beide haben die Speisekarte vor der Nase, und Sie blättern unschlüssig darin herum. Vorspeisen, Suppen, Rind, Schwein, Fisch, die ganze Palette. Jeder hat die Wahl. Was wird nun geschehen?

Es handelt sich um eine Alltagssituation, der Sie bisher viel zu wenig Aufmerksamkeit gewidmet haben. Es gibt jetzt nämlich mehrere Möglichkeiten. Die häufigste ist diese: Der Single fragt, was Sie gerne essen möchten. Er sagt: »Und, weißt du schon?«

»*Und, weißt du schon?*«: Was für ein Bullshit! Dieser Single ist (zumindest im Moment noch) entscheidungsfaul. Er kann sich nicht entscheiden und wird sich vermutlich auch nicht für Sie entscheiden können, wenn es darauf ankommt. Er fragt erst einmal, was *Sie* gerne essen möchten, bevor *er* (der Single) selber eine Entscheidung fällt? Was soll das denn? Wieso will *er* wissen, was *Sie* bestellen werden? Hat er denn keine eigene Meinung? Warum sagt er nicht einfach: »Also, ich nehme das Geschnetzelte«? Stattdessen fragt er, was *Sie* sich ausgesucht haben. Klingelt da was bei Ihnen?

Der Single guckt in die Speisekarte – jetzt kommt die zweite Alternative –, und er sagt: »Mhm, Langostinos à la plancha. Die nehme ich. Vorweg noch ein schönes Knoblauchbrot. Aber nur, wenn du es auch probierst, sonst nicht. Und du?«

Sehr gut. Geradezu 100 Punkte. Haben Sie gemerkt, warum? Der Single ist erstens selbstbewusst und entscheidungsfreudig, und es ist ihm vollkommen egal, was Sie bestellen werden. Er wird Sie auf jeden Fall mögen. Zweitens würde er nur dann sein Knoblauchbrot bestellen, wenn Sie daran teilhaben (er denkt schon an den Rest der Nacht, der listige Fuchs). Diesen Single können Sie später getrost mit raufnehmen. Nur am Rande sei angemerkt, dass man Langostinos natürlich mit den Händen isst. Wer das beim ersten Date tut, ist ein animalischer Typ mit einem vermutlich stark ausgeprägten Sexualtrieb, was Sie als »Single-Profiler« nicht außer Acht lassen sollten. Aber, wie gesagt: Das nur nebenbei und am Rande bemerkt.

Wiederum die Situation, dass Sie und der Single sich gegenübersitzen und in die Speisekarte glotzen. Fast könnte man ja schon sagen, dass Sie sich gegenseitig belauern. Denn inzwischen sind zumindest Sie ja ein »Single-Profiler« und wissen genau, wie wichtig das Speisekarten-Verhalten des Singles ist.

Der blättert und blättert und kann sich einfach nicht entscheiden. Bis Sie endlich die Initiative ergreifen und ungefragt verkünden, dass Sie vermutlich das Geschnetzelte nehmen werden. Erleichtert sagt der Single: »Gute Idee! Das nehme ich auch. Dann also zweimal das Geschnetzelte.« Dies ist die häufigste Situation. Jeder, der schon einmal mit einem Single essen gegangen ist, kennt sie. Ganz klar, Sie als Single-Profiler wissen es bereits: Unsicher ist dieser Single bis zum Geht-nicht-mehr, hier ist zumindest im Moment keinerlei Selbstbewusstsein im Spiel, und der Single wird sich auch den Rest des Abends anstrengen, möglichst in kein Fettnäpfchen zu treten. Diesen Single müssen Sie erst einmal auftauen und locker machen! Er ist verspannt.

Sie können das fortsetzen. Thema Vorspeise/Suppe, Thema Dessert oder nicht, und dann erst das Drama um die Getränkewahl! Mit was für einem Single Sie es zu tun haben und wie er heute drauf ist, können Sie aber auch mit einem noch einfacheren Trick feststellen.

Überlassen Sie die gesamte Auswahl von der Vorspeise über den Hauptgang bis hin zum Dessert inklusive Getränkewahl dem Single und mischen Sie sich überhaupt nicht ein. Schließen Sie die Speisekarte, entspannen Sie sich, lächeln Sie maliziös und lassen den Single alles selber aussuchen, und zwar für Sie *und* für den Single.

Dabei geben Sie ihm 10 Pluspunkte vor (heimlich natürlich) und ziehen für jedes Mal, wenn er Sie etwas fragt, einen Punkt ab. Also: »Vorweg eine Tomatensuppe, wäre das okay für dich?« (Rest: 9 Punkte) »Fisch oder Fleisch?« (Rest: 8 Punkte) »Wie wäre es mit einem Grauburgunder zum Fleisch?« (7 Punkte hat er noch) »Möchtest du ein Dessert?« (6 Punkte usw.) Bei o Punkten stehen Sie auf und gehen. Nein, natürlich nicht. Es ist nur so, dass Sie diesen Single auch künftig an die Hand nehmen müssen: Der kriegt nichts allein gebacken.

14. Frage

Denken Singles beim Essen die ganze Zeit nur an Sex?

Gehen wir davon aus, dass Sie mit dem Single bisher noch keinen Sex hatten und der heutige Abend – je nachdem, wie er verläuft – die Wende bringen könnte. Dann können Sie die Frage aus der Überschrift getrost mit Ja beantworten. Zumindest sollten Sie ernsthaft damit rechnen, dass es so ist, und sich dementsprechend verhalten.

Der Single weiß: Wie jemand *isst,* so ist er auch im Bett. Er wird Sie also beim Essen genau beobachten. Andersherum können *Sie* natürlich auch Ihre persönlichen erotischen Schlüsse aus den Essgewohnheiten des Singles ziehen!

Der Single scheint total ausgehungert zu sein, jedenfalls haut er rein, als hätte es seit Tagen nichts gegeben? Klares Anzeichen für schnellen, nicht allzu fantasievollen Sex. Der Single bewegt Messer und Gabel betont langsam, schneidet sehr kleine Häppchen und dreht den Teller hin und wieder in die strategisch günstigste Position? Das ist keiner von der schnellen Truppe, sondern als Liebhaber geduldig und einfühlsam. Der Single spitzt immer wieder die Lippen, schaut wonnevoll nach oben und signalisiert dadurch, wie gut es ihm schmeckt? Ein erotischer Genießertyp – Sie werden unter Umständen nicht vor Sonnenaufgang zum Schlafen kommen.

Der Single salzt das Essen, noch bevor er es probiert hat?* Schlechter Nullachtfuffzehn-Sex, auf den Sie ebenso gut verzichten können. Der Single bestellt nichts außer Salat und Mi-

---

* *Das ist vermutlich die Stelle, bei der Sie an jemanden ganz Bestimmtes denken.*

neralwasser? Das spricht für klinisch reinen Sex; womöglich mit vorher Duschen und einem Handtuch auf dem Laken.

Dass Sie niemanden mit nach Hause nehmen sollten, der beim Essen den Mund offen hat und schmatzt, versteht sich von selbst. Aufschlussreicher ist die Serviettensprache des Singles.

Bleibt die Serviette nach dem ersten Benutzen zusammengeknüllt neben dem Teller liegen, haben Sie es mit einem erotischen Egoisten zu tun. Faltet er sie einmal in der Mitte, die benutzte Seite nach innen und legt sie rechtwinklig zur Tischkante, werden Sie sexuell auf Ihre Kosten kommen. Legt er die Serviette bereits vorm ersten Benutzen ausgebreitet auf den Schoß oder klemmt sie sich gar unter den Kragen, können Sie die Nacht vergessen: Das wird eher ein erotischer Eintopf als ein Fünf-Sterne-Menü.

Es ist ganz einfach, und es macht Sie zum Hellseher, noch bevor das Essen vorbei ist. Was der Single sagt, wie er Sie anschaut, ob er lächelt oder nicht, wie und wann er Sie sanft berührt: Das alles hat er unter Kontrolle. Es geschieht bewusst und dient einem bestimmten Ziel (zum Beispiel Ihr Vertrauen zu gewinnen oder einfach nur sympathisch zu wirken). Sie hingegen achten auf alles, was der Single *unbewusst* tut, und ziehen *daraus* Ihre Schlüsse. Der Single kann sich noch so viel Mühe geben und noch so gerissen sein: An seinen unbewussten Essgewohnheiten kann er nicht viel ändern. Und genau die sagen Ihnen, wer (und wie) er wirklich ist.

Wenn Sie das nächste Mal mit einem Single essen gehen, stellt sich die Frage aus der Überschrift allerdings etwas anders. Könnte es sein, dass *Sie* nun pausenlos an Sex denken müssen?

15. Frage

Sollte man sich gemeinsam besaufen oder lieber nüchtern bleiben?

Diese Frage stellen sich viele jedes Mal aufs Neue. Also: Es kommt darauf an, was Sie noch miteinander vorhaben und wie sympathisch Ihnen der Single ist. Wir wollen hier jedoch nichts wiederholen, was ohnehin schon jeder vernünftige Mensch weiß: So dürfte Ihnen schon mal zu Ohren gekommen sein, dass man nüchtern besser die Kontrolle über sich behält, dass Alkohol sowieso schädlich ist und dass Sie unter Umständen einen schlechten Eindruck beim Single hinterlassen, wenn Sie das Restaurant schwankend verlassen. Auch dass einige Menschen grundsätzlich überhaupt keinen Alkohol trinken dürfen, muss nicht extra erwähnt werden. Ebenso klar ist, dass sich der Pegel einigermaßen die Waage halten sollte, also: Einer stocknüchtern und einer hackevoll, das ist nicht schön.

Wenden wir uns den positiven Seiten zu: Alkohol hat auf schüchterne Singles eine angenehm lockernde Wirkung, und auch Sie können vielleicht einen kleinen Hemmschwellenbeseitiger ganz gut gebrauchen. Fernab jeder Vernunft gilt deshalb die Regel: Je sympathischer man sich ist, desto mehr Alkohol ist beim ersten Date erlaubt. Vorausgesetzt, man trinkt ihn gemeinsam, was unter anderem die weise Entscheidung für eine Heimfahrt per Taxe voraussetzt.

Wenn man sich glänzend versteht und die erste Flasche Wein im Handumdrehen leer ist: Warum nicht noch eine zweite bestellen? Dies ist nicht die Nacht, in der die Vernunft regiert! Heute wird gefeiert, und zwar kräftig. Wer immer nur »Nein, danke« sagt, macht nicht gerade einen emotional gelösten Eindruck.

Die besten Ergebnisse erzielt man beim ersten Date mit einer schlichten Formel, die den Sympathie-Level (in Schulnoten vergeben von 1 bis 6) ins reziproke Verhältnis zur Anzahl der erlaubten Gläser Wein setzt (das sind die erlaubten Obergrenzen; nicht jeder verträgt gleich viel). Geben Sie dem Single in Sachen Sympathie also eine glatte 1, dürfen Sie an diesem Abend maximal sechs Gläser Wein oder die entsprechende Alkoholmenge in anderen Getränken zu sich nehmen, bei Note 2 nur 5, Note 3 erlaubt vier, die 4 gestattet drei, die 5 nur zwei und die 6 dann natürlich maximal nur ein Glas Wein.

Wenn der Single schlau ist, wird er natürlich etwas weniger trinken als Sie. Er wird es zumindest versuchen (Ihnen macht er das Glas voll, und sich selbst schenkt er nur halb ein, beim Wasser macht er es umgekehrt). Aber da Sie sich ja bereits in den letzten Kapiteln zum gewieften Single-Profiler entwickelt haben, durchschauen Sie diese List und lassen sich nicht so schnell aufs Glatteis führen. Kleine Schlucke aus dem Wein- und große Schlucke aus dem Wasserglas sind auf jeden Fall besser als umgekehrt.

Keine harten Drinks, keine unbekannten Cocktails und keinen einzigen Drink mehr, wenn Sie den Single doppelt sehen. Nicht einmal dann, wenn Sie ihm selbst zu dieser späten Stunde noch eine glatte 1 geben möchten.

Und noch eins sei an dieser Stelle erwähnt; es ist unschön und kommt Ihnen vielleicht übertrieben vor: das hässliche Thema »k.o.-Tropfen«, von dem Sie sicherlich schon in der Zeitung gelesen haben. Wenn Sie den Single noch gar nicht kennen (zum Beispiel wenn es sich um ein »Blind Date« handelt) und er auf Sie nicht besonders vertrauenserweckend wirkt, dann lassen Sie Ihr Glas grundsätzlich nicht unbeobachtet. Falls Sie auf Toilette müssen, können Sie den Kellner im Zweifelsfall danach um ein frisches Glas bitten.

Ist es ratsam, den Single getrennt bezahlen zu lassen?

Nein. Welche Gründe könnte es dafür geben? »Ich möchte nicht«, sagt die Frau, »dass er sich etwas von mir erhofft, weil er mich eingeladen hat. Darum lasse ich ihn getrennt zahlen.«

Das jedoch ist Quatsch! Jeder Single-Mann weiß, dass die Rechnung allein überhaupt noch nichts bedeutet. Es ist völlig normal, sich einladen zu lassen und trotzdem allein nach Hause zu gehen. Besser ist es so: Greift ER zum Geld, holt SIE ihres ebenfalls heraus. Sagt er: »Lass mal, ich mach das schon«, steckt SIE ihr Geld wieder ein und kann ihm mit einer freundlichen Anmerkung (»Das nächste Mal bin ich aber dran«) berechtigte Hoffnung auf ein baldiges Wiedersehen machen. Sagt er nichts, zahlt sie tatsächlich getrennt. Und wenn sie dabei »Aha, ein Geizhals« denkt, dann hat sie – recht.

»Wir Frauen«, sagt die Frau, »sind gleichberechtigt. Deshalb stelle ich gleich klar, dass ich mich nicht einladen lasse, und bestehe darauf, dass der Single-Mann getrennt zahlt.« Quatsch! Das war vielleicht in den 70er-Jahren so. Heute hat es keine Frau mehr nötig, ihre Emanzipation durchs Selbst-Bezahlen im Restaurant zu demonstrieren.

»Ich muss«, sagt der Mann, »so wie sie auf den Euro achten. Warum sollte ich die Single-Frau also einladen?« Falsch! Er hätte eine billigere Location vorschlagen sollen, die ihm diese Peinlichkeit erspart hätte.

»Dieser Abend«, sagt der Mann, »verläuft anders als geplant. Sie wird mich sowieso nicht mehr auf einen Kaffee mit rauf bitten. Dann kann sie auch gleich selber zahlen.« Weit unter jedem

Niveau! Wer so eine Kosten-Nutzen-Rechnung aufmacht, bleibt hoffentlich ein Leben lang Single. Aber leider ist das nun mal bei vielen Männern so, auch wenn Frauen das nicht gefällt.

Und noch einmal die Frau. »Der Single-Mann könnte schlecht von mir denken, wenn ich mich einladen lasse«, sagt sie sich. »Deshalb zahlen wir lieber getrennt, da bin ich auf der sicheren Seite.« Falsch! Der Single-Mann denkt anders, nämlich: »Ich bin ihr so unsympathisch, dass sie sich nicht einmal harmlos von mir einladen lässt.«

Es gibt also eine Menge Argumente, warum man den Single getrennt zahlen lassen könnte. Aber es gibt kein einziges dafür, es auch tatsächlich zu tun.

Mag es der Single, wenn man mit ihm noch um die Häuser ziehen will?

Auf jeden Fall. Die Frage »Zu mir oder zu dir« und ob überhaupt lässt sich nach einem ersten Restaurantbesuch nicht unbedingt gleich beantworten. Der eine oder andere Absacker in einer anderen Location bedeutet zwar nur einen Aufschub der Kernfrage, aber er gibt sowohl Ihnen als auch dem Single ein wenig mehr Entscheidungsfreiheit. Das gilt für sie *und* ihn. Denn die Zeiten, wo er am liebsten gleich in die Kiste möchte und sie sich noch etwas ziert, sind längst vorbei. Heute trifft man viele Single-Frauen, die nur einen Abend mit anschließendem Sex für gelungen halten, und ebenso viele Single-Männer, die »kein Mann für eine Nacht« sein möchten. Das ist eines der wenigen Kapitel im Buch des ewigen Geschlechterkampfes, das tatsächlich neu geschrieben werden muss! Bei geschätzt 90 Prozent aller Frauen macht es jetzt hoffentlich ganz gewaltig klick, weil sie den Single-Mann als solchen so noch nie betrachtet haben. Und trotzdem ist es wahr.

Wer aber nach dem Essen noch woanders hin möchte (»Lass uns noch irgendwo einen Absacker trinken«), der bekundet darüber hinaus vorsichtiges Interesse und beginnende Sympathie. Das sollte man dem Single also wirklich nur dann vorschlagen, wenn man das Ende des Abends hinauszögern möchte, und keinesfalls aus reiner Höflichkeit. Singles sind diesbezüglich äußerst hellhörig. Erst noch einen Absacker trinken wollen und sich dann nie wieder melden, das passt nicht zusammen und wäre auch gemein. Dann lieber gleich allein nach Hause gehen!

Sollte man den Single noch auf einen Kaffee mit raufbitten?

Im Prinzip nein, aber … Oder noch besser: ohne »aber«, also nein. Es gibt doch nur zwei Möglichkeiten: Entweder wägt man diese Frage mit praktischer Vernunft ab, oder man handelt aus dem Bauch heraus, und dann stellt sie sich gar nicht erst. Die praktische Vernunft spricht eindeutig dagegen: nicht nach dem ersten Date. Lassen Sie es einfach. Verzichten Sie darauf.

Erstens fragt sich der Single, ob man wohl immer so schnell zur Sache kommt. Zweitens erwartet der Single gar keine Liebesnacht nach dem ersten Date, sondern er zieht erstaunt die Augenbrauen hoch. Drittens gibt es Heerscharen von Menschen, die es bitter bereuen, dass sie schon in der ersten Nacht … Viertens gibt es kaum jemanden, der es später bitter bereut hat, dass er nicht schon in der ersten Nacht sie oder (meistens) ihn noch auf einen Kaffee mit raufgebeten hat. Fünftens ist noch nie jemand zu spät mit einem Single im Bett gelandet, viele allerdings zu früh. Sechstens gibt es gute Gründe, jetzt erst einmal alles in Ruhe zu überdenken und zu verarbeiten. Siebtens muss man damit rechnen, dass man den Single dann auch noch beim Frühstück zu Gast hat, wenn man selbst nicht gerade optimalst gestylt ist. Achtens braucht man jetzt eine kluge Strategie, wie man weiter verfährt, falls einem der Single gut gefällt – und nachdenken geht leider nur alleine. Neuntens gibt es eine simple Regel, die da lautet: Je mehr du dich dem Single näherst, desto mehr wird er sich zurückziehen. Je mehr du dich vom Single zurückziehst, desto näher wird er dir kommen wollen. Es ist schier unbegreiflich, warum so viele Menschen diese einfache Regel konsequent immer wieder vergessen und sich hinterher fragen, warum sie schon wieder mal alleine sind. »Ich habe doch alles richtig gemacht!« »Ich war doch so nett!« »Der Sex war doch so schön!« »Warum hat er/sie sich nie wieder gemeldet?« Bullshit! Nichts ist richtig gelaufen! Man hat sich nicht rar gemacht, und deshalb ist nichts daraus geworden. So einfach ist das manchmal.

Vor allem junge Leute, cool drauf, voll im Leben stehend, Facebook- und YouTube-kompatibel, legen bei diesem Thema lautstarken Protest ein. Sie halten das alles für altmodisch, überholt und gestrig. Das sei heute nicht mehr so, argumentieren sie. Weit über 1000 Interviews, die für dieses Buch geführt wurden (mit Singles aus allen sozialen Schichten und allen Altersklassen), sprechen jedoch eine andere Sprache. Es ist immer wieder dieselbe Geschichte: Aus besten Motiven heraus und mit einem wirklich guten Herzen, zu allem bereit, was Freude macht, und mit ungeheurem Elan stürzen sich die Menschen in eine Beziehung mit dem Single, fliegen für ein, zwei Nächte himmelhochjauchzend durchs Weltall und stürzen danach dramatisch ab, weil der Single nämlich plötzlich weg ist.

Das heißt, er ist natürlich noch physisch anwesend, aber er steht irgendwie nicht mehr zur Verfügung. Was ist passiert? Man hat sich nicht rar genug gemacht.

Danke, Oma. Deine Poesiealbum-Weisheiten gelten heute noch so wie damals. Nur glauben die jungen Leute heute, dass sich die Zeiten geändert haben. Was für ein dramatischer Irrtum.

19. Frage

Wann darf man einen Single nach dem ersten Date anrufen?

Die einen tun's noch am selben Abend, die anderen lassen eine Schonfrist von drei Werktagen verstreichen, und manche schwören, dass sie mit einer Woche Totalstille die besten Erfahrungen machen. Am allerbesten ist es aber zweifellos, wenn man sich gar nicht beim Single melden muss. Weil der sich nämlich selber meldet.

Die Frage ist doch, warum diese uralten Spielchen überhaupt erwähnenswert sind. SIE hatte einen schönen Abend mit IHM, sie ist total verliebt und hat nun das dringende Verlangen, sofort noch einmal seine Stimme zu hören – warum soll sie ihn nicht noch in derselben Nacht anrufen? ER kommt kaum zum Schlafen vor Sehnsucht und möchte sich gleich am nächsten Abend wieder mit ihr treffen – was spricht dagegen?

Eigentlich nichts. Aber eben nur »eigentlich«.

Es hängt damit zusammen, dass sich der Single sehr leicht eingeengt und bedrängt fühlt. Ein Wort, ein Anruf, eine SMS zu viel, und er ergreift grundlos die Flucht. Diese Situation kennen Sie, oder?

»Was habe ich nur falsch gemacht?«, höre ich oft von Menschen, die sich in einen Single verlieben und nicht begreifen können, warum er oder sie blitzschnell und spurlos genauso schnell aus ihrem Leben verschwunden ist, wie er hineingeplumpst war. Ich frage dann immer zu allererst, wie das mit dem ersten Rückruf gewesen ist. Meistens erfahre ich dann: »Ich habe ihn (oder sie) angerufen, was ist denn dabei? Er (oder sie) hat sich danach aber nie wieder gemeldet, dabei war unser erster Abend doch sooo schön!« Immer wiederkehrende Geschichten, die allesamt traurig enden.

»Es war eine eher spontane Liebesnacht mit einer Frau, die mich optisch nur bedingt interessierte. Wir hatten halt viel getrunken. Aber sie war wenigstens überdurchschnittlich intelligent, und ich hätte mir durchaus vorstellen können, sie noch einmal wieder-zusehen«, erzählt ein Werber (40, geschieden). »Als ich aber am nächsten Tag meinen AB abfragte, war sie drauf und säuselte was von ›Schatzi‹ und ›Ich hab dich lieb‹. Hallo, geht's denn noch? Wir hatten Sex, mehr nicht! Hab mich nie mehr bei ihr gemeldet, brrr.« Er schüttelt sich. Noch Fragen, wann Sie einen Single nach dem ersten Date anrufen dürfen?

Das Problem ist aber: Halten sich beide an diesen Rat, dann ruft keiner jemals zurück, und es wird aus keiner einzigen Bezie-hung weltweit mehr etwas. Ich rate deshalb dazu, die Alternative mit den drei Werktagen zu wählen. Zwischen dem ersten Date und Ihrem ersten Anruf liegen diese drei Werktage, also zum Beispiel Di–Do. Sperren Sie Ihr Handy weg, wenn Sie es nicht mehr aushalten können. Denken Sie an eine Jagdszene: Sie sind der Jäger, der Single ist das Reh. Laufen Sie nun auf die Lichtung und rufen laut »Hallo Reh, hier bin ich, komm doch her, ich will dich erlegen«? Nein, das machen Sie nicht. Sie haben das Warten gelernt. Leider können die meisten Menschen, die einen Single jagen, nicht einmal drei Werktage warten.

20. Frage

Darf man den Single jetzt schon bekochen?

Das erste Date mit dem Single sollte keinesfalls in der eigenen Küche stattfinden. Aber wenn man sich einmal auf neutralem Boden getroffen und sich gut verstanden hat, dann kann man die Sache durchaus beschleunigen, indem man den Single zum Essen zu sich nach Hause einlädt.

Man muss nicht erst dreimal in verschiedenen Locations gehockt haben, bevor man sich privat verabredet. Das zweite Treffen darf also durchaus bei Ihnen zu Hause stattfinden; das wird den Single freuen. Man kann sogar beim ersten Date die Rede geschickt auf Lieblingsgerichte bringen und ganz nebenbei einfließen lassen, dass man dies oder jenes doch auch einmal zu zweit kochen könnte!

Das ist harmlos und unverbindlich und gibt dem scheuen Single jederzeit die Möglichkeit, dringende Termine vorzutäuschen. Sagt der Single aber zu (Sie hatten ja drei Werktage verstreichen lassen, siehe voriges Kapitel, und können nun ziemlich sicher sein, dass sie ihn oder sie an der Angel haben), so stellt sich die bange Frage: Was koche ich?

Auch da gibt es einfache Regeln, die den Single freuen und den Abend zu einem wahren Genuss werden lassen (womöglich nicht nur kulinarisch).

1. Sie kochen nicht alleine, sondern mit dem Single zusammen. Wählen Sie etwas, bei dem Sie Hilfe brauchen können. Aber es sollte eine Hilfstätigkeit sein, die jeder Depp schafft. Petersilie schneiden, Kartoffeln schälen, Eier schlagen oder sonst etwas Simples.

2. Kochen Sie etwas, das Sie im Schlaf beherrschen.

3. Wenn Sie nichts im Schlaf beherrschen, kochen Sie mindestens einmal heimlich zur Probe vor.

4. Decken Sie nicht schon vorher den Tisch, sondern lassen Sie das den Single machen. Zeigen Sie ihm oder ihr einfach, wo die Teller stehen und wo das Besteck liegt, wo die Kerzen zu finden sind und wo die Servietten.

5. Fangen Sie so früh wie möglich mit dem gemeinsamen Kochen an, also nicht erst um zehn, sondern lieber schon um sechs.

6. Legen Sie Pausen ein! Während der Ofen aufgeheizt wird, können Sie schon mal einen Sekt einschenken und Gelassenheit demonstrieren.

7. Falls Sie sich an mehrere Gänge herantrauen, sollten Sie Vorspeise und Dessert bereits vorher zubereitet haben, so dass der Single nur noch Hilfsarbeiten verrichten muss (zum Beispiel die Suppe zum Aufwärmen umrühren oder das Eis mit einem Sahnehäubchen versehen, aber die Sahne steht schon geschlagen im Kühlschrank*).

8. Alles, was man zu zweit machen kann, ist gut. Zum Beispiel eine gemeinsam belegte raffinierte Pizza. Simple Nudeln mit einer selbst ausgedachten Soße. Gefüllte Paprika. Für Nicht-Kocher natürlich ein Fondue, weil man da nun wirklich nichts falsch machen kann – der Romantikfaktor aber extrem hoch ist.

9. Das gemeinsame Kochen sollte nicht länger als eine Stunde dauern.

10. Der Single sollte am Abräumen beteiligt werden, also springen Sie nicht auf und reißen dem Single den leeren Teller weg. Sondern machen Sie auch das gemeinsam mit dem Single. Umso schneller kommt man dann ja gemeinsam zum »gemütlichen« Teil des Abends.

---

* *Natürlich frisch geschlagen! Keinesfalls Sprühsahne!*

Der Vorteil dieser zehn vielfach erprobten Hinweise für das richtige Kochen mit einem Single ist, dass Sie gleichzeitig sehr viel über ihn/sie erfahren werden. Ist der Single teamfähig? Stellt er sich ausgesprochen dämlich an, oder ist er eher gelehrig? Kann er gleichzeitig Zwiebeln schneiden und von dem/der Ex erzählen? Ist er multitaskingfähig oder eher beschränkt? Hat er überhaupt Lust dazu, mit Ihnen etwas gemeinsam zu machen? Und kann er über seine eigene Ungeschicklichkeit lachen, wenn ihm etwas misslingt?

Gemeinsames Kochen ist harmlos, aber aufschlussreich. Sie werden nach diesem Abend klüger sein und weniger Fragen haben.

Sollte man Fotos von Exbeziehungen lieber verstecken?

Die Frage ist ein wenig seltsam. Sie bedeutet ja, dass in Ihrer Wohnung noch Fotos von dem oder der Ex herumstehen, möglicherweise gerahmt und vielleicht sogar auf dem Nachttisch! Warum?

Man muss kein Experte sein, um daraus zu folgern, dass Sie mit Ihrer Exbeziehung noch nicht durch sind. Fotos von Exbeziehungen lässt man nur dann stehen oder hängen, wenn man noch an der Beziehung hängt. Wenn das bei Ihnen der Fall ist, sollten Sie gar keinen Kontakt zum Single suchen. Sondern Sie sollten erst einmal Ihre alte Geschichte beenden (auch im Kopf), und wenn Sie dann so weit sind, nehmen Sie die Fotos von der Wand oder vom Nachttisch und laden sich erst danach einen neuen Single nach Hause ein. Dann stellt sich die Frage nicht mehr, ob Sie die Fotos extra verstecken müssen.

Wenn Sie aber trotzdem auf der Frage beharren, heißt die Antwort: Nein. Sie sollten die Fotos von Ihrer Exbeziehung nicht verstecken, bevor ein Single Sie besuchen kommt. Das wird Sie vielleicht überraschen. Trotzdem ist es schlau.

Nehmen wir einmal an, Sie möchten was von dem Single. Sie suchen also nach dem richtigen Weg, sein Herz zu gewinnen. Sie gehen mit dem Single essen, Sie laden ihn irgendwann zu sich nach Hause ein, Sie möchten alles richtig machen, und – da ist dieses Foto von Ihrem Ex[*]. Den Single, und wir gehen jetzt ein-

---

[*] Oder von Ihrer Ex, aber das ewige SIE/ER nervt irgendwie. Sie wissen schon, wie's gemeint ist.

mal davon aus, dass er ebenfalls Interesse an Ihnen hat, wird das irritieren. Da gibt (oder gab) es also jemanden in Ihrem Leben, dessen Foto Sie noch in der Wohnung haben?

Der Single hält das für keine gute Nachricht. Er findet den Typen auf dem Foto ätzend und fragt sich, wie Sie an so einen geraten konnten. »Wer ist das denn?«, fragt er scheinbar nebenbei (obwohl es im Moment die wichtigste aller Fragen für ihn ist). »Och, das ist mein Ex«, sagen Sie so ganz nebenbei, »das ist aber endgültig gelaufen.« »Hm.« Mehr wird der Single zunächst nicht sagen. Aber es rotiert natürlich in seinem Kopf: Endgültig gelaufen? Und trotzdem steht das Foto noch da? Warum? Und wie könnte man diese unheilvolle Konkurrenz ausschalten?

Nehmen wir weiterhin an, dass diese Nacht mit dem Single trotzdem schön wird. Irgendwann verabschiedet er sich (vorm Frühstück oder danach, je nachdem), und Sie sind wieder allein. Jetzt – genau jetzt – ist der richtige Moment, um alle Fotos vom Ex in einen Karton oder in den Müll zu transportieren. Wenige Tage später laden Sie den Single wieder ein, und er stellt erstaunt fest, dass die Fotos vom Ex verschwunden sind. Was geht ihm nun durch den Kopf?

Genau. Sie haben es begriffen. Der Single denkt: Die Nacht mit mir war so toll, dass danach die Fotos vom Ex wie von selbst in der Versenkung verschwunden sind. Das macht den Single stolz. Das hatte er zwar nicht zu hoffen gewagt, aber doch immerhin erträumt. Das ist Single-Psychologie! Das ist wichtig! Man könnte sogar folgenden Trick anwenden: Wenn Sie kein Foto von einem Ex haben, dann nehmen Sie eins von Ihrem Bruder oder Cousin und behaupten einfach, dass es Ihr Ex ist. Und dann lassen Sie es nach dem ersten Date gepflegt verschwinden.

Vielleicht finden Sie das blöd, und vermutlich haben Sie recht. Aber »it works«. Probieren Sie es doch einfach mal aus!

Wenn man ein dunkles Geheimnis hat: Jetzt schon raus damit?

Ein ganz schnelles Nein, bevor Sie einen Fehler machen. Aber jetzt in Ruhe. Was für ein dunkles Geheimnis könnte das denn sein? Sind Sie überschuldet und in privater Insolvenz? Sind Sie gar kein Abteilungsleiter in dem großen Konzern, wie Sie neulich in der Kneipe beim ersten Kennenlernen behauptet haben, sondern nur der Pförtner?

Sind Sie vorbestraft wegen Heiratsschwindel? Zahlen Sie Unterhalt für vier uneheliche Kinder? Schämen Sie sich wegen einer sexuellen Anomalität? Sind Sie zeugungsunfähig? Hatten Sie noch nie im Leben einen Orgasmus?

Hatten Sie überhaupt noch nie Sex? Sind Sie auf der Flucht? Haben Sie als Mann ein Furcht erregendes Geschlechtsteil, das aussieht wie ein Elefantenrüssel, so dass die meisten Mädels schreiend weglaufen? Oder haben Sie einen so Kleinen, dass die Mädels vor Lachen nicht mehr weitermachen möchten? Sind Sie verheiratet und haben das bisher verschwiegen? Sind Sie insgeheim schwul oder lesbisch? Haben Sie gerade Ihre fristlose Kündigung bekommen? Oder was sonst ist Ihr ganz persönliches dunkles Geheimnis?

Im Zweifelsfall sollten Sie Ihr eigenes Drama so lange wie möglich für sich behalten, denn für ein Outing ist es jetzt einfach noch zu früh.* Sie haben den Single doch gerade erst kennengelernt! Noch haben Sie das Recht auf Ihre eigenen Geheimnisse (je

---

* *Von Selbstverständlichkeiten wollen wir hier nicht reden, etwa dass Sie dem Single ansteckende Krankheiten vorm ersten Sex auf jeden Fall mitteilen müssen.*

enger man eines Tages zusammengehört, desto mehr schrumpft dieses Recht in sich zusammen). Warten Sie auf jeden Fall noch eine Weile ab. Bloß nichts überstürzen. Viele Singles laufen ganz schnell wieder weg, weil sie plötzlich zu viel wissen. Andererseits ist noch kein Single davongelaufen, weil er am Anfang ein bisschen im Unklaren gelassen wurde. Wenn Sie dem Single gleich in der ersten Woche alles von sich erzählen, was man vielleicht wirklich nur dem Partner erzählt, dann fühlt er sich auch bereits als Partner eingestuft und behandelt – und wollte doch vielleicht eine viel längere Ausprobierphase als Sie. Dann haben Sie sich (wieder einmal?) viel zu früh jemandem anvertraut, sich auf jemanden total voll eingelassen, sich jemandem ausgeliefert. Nein, nein, nein.

Obwohl: Wenn das mit der Vorstrafe wegen Heiratsschwindel zutrifft, müssen wir darüber noch einmal gesondert diskutieren.

3. Kapitel

Der Single und seine Macken

Sind denn alle Singles beziehungsgeschädigt?

Dieses Kapitel lässt sich relativ schnell abhaken, da die meisten Singles unter denselben Macken leiden. Die pauschale Frage aus der Überschrift, ob also alle Singles beziehungsgeschädigt sind, braucht eine ebenso pauschale Antwort, und die heißt: Ja. Zumindest mehr oder weniger. Sie müssen nur herauskriegen, warum der Single ein Single ist, und schon haben Sie Hinweise auf Art, Schwere, Bedeutung und Dauer seiner Beziehungsschädigung.

Da gibt es den Single, der noch bei den Eltern lebt und mit Einzelheiten über seine früheren Beziehungen eher spärlich herausrückt: sehr schwer geschädigt, hatte wahrscheinlich noch nie eine Beziehung. Finger weg.

Da gibt es den anderen Single, der bei der Erwähnung seiner letzten Ex zu heulen anfängt und seitdem keinerlei soziale Kontakte mehr pflegt – haben Sie da noch Fragen? Finger weg.

Da gibt es die Single-Frau, die immer wieder an denselben Typ Mann gerät, und selbst ein Blinder sieht, dass es immer die falschen gewesen sind: Finger weg.

Da gibt es den grinsenden Zecher am Tresen, der lautstark und feuchtfröhlich mit Kumpels seine eigene Scheidung feiert: geringer Schädigungsgrad, anpirschen.

Da gibt es die erfolgreiche Businessfrau im kleinen Schwarzen, die offenbar vor lauter Business keine Zeit mehr für Zärtlichkeiten hat: heilbarer Schädigungsgrad, wenn Sie sich das zutrauen.

Und so weiter. Aber noch einmal: Ganz pauschal können Sie die Frage aus der Überschrift getrost mit einem Ja beantworten. Alle Singles sind irgendwie beziehungsgeschädigt. Die einen mehr, die anderen weniger.

Ertragen Singles überhaupt jemanden in ihrer Wohnung?

Je länger jemand Single ist, desto schwieriger wird es. Man hat sich so sehr daran gewöhnt, dass man alleine lebt. Alles hat seinen Platz. Alles liegt immer dort, wo man es vermutet. Und nun kommt jemand, der alles durcheinanderwirbelt! Morgens nach dem Aufstehen ist das für den Single am schwersten zu ertragen; deshalb sollte man anfangs möglichst nicht über Nacht bleiben. Es wäre auch verkehrt, gleich von der ganzen Wohnung Besitz zu ergreifen. Die eigenen Sachen bleiben schön auf einem Haufen und werden keinesfalls gleich in den Schrank eingeräumt! Man dekoriert auch nicht gleich alles um, schleppt Blumen an oder hängt die Bilder ab. Die fremde Single-Wohnung ist auch kein Hotelzimmer, in dem man die eigenen Klamotten willkürlich irgendwo hinschmeißen kann! Als Gast in einer Single-Wohnung macht man sich im besten Fall fast unsichtbar. Wenn man nicht so genau weiß, wie man sich verhalten soll, dann fragt man den Single. »Ist es okay, wenn ich deinen Zahnputzbecher benutze?« ist zum Beispiel besser, als wenn man die eigene Zahnbürste ganz selbstverständlich neben seine quetscht. Dasselbe gilt, wenn man ohne zwei Kopfkissen nicht einschlafen kann. Anstatt sich einfach das Kissen vom Sofa zu greifen, fragt man besser nach einem zweiten Kissen!

Im Übrigen gibt es eine einfache Regel: So viele Monate, wie der Single vorher alleine gelebt hat, so viele Tage sollte man ihn anfangs in Ruhe lassen. War also jemand zehn Monate Single, schläft man zehn Nächte allein und lässt sich erst dann wieder in der Single-Wohnung blicken; bei neun Monaten darf man nach neun Tagen auftauchen usw.

Sind Dauer-Singles notorische Einzelkämpfer und gar nicht mehr teamfähig?

Davon müssen Sie unglücklicherweise ausgehen, und es gibt auch kein Aber, keinen Trost, kaum Gegenbeispiele und eigentlich nur ein klares Ja. Dauer-Singles* haben sich in ihrem Leben eingerichtet. Sie sind es nicht mehr gewohnt, dass jemand sie umsorgt, sie können Freude und Leid nicht mehr teilen, sie sind schwer erziehbar und eigentlich für eine Partnerschaft, für Teamwork, fürs Miteinander verloren. Dafür kriegen sie aber sehr schnell Panik und ziehen sich immer wieder in ihr Schneckenhaus zurück. Selbstmitleidig sind sie oftmals auch. Andererseits neigen sie dazu, von einer neuen Beziehung immer gleich alles zu erwarten. Wie durstige Wüstenwanderer stürzen sie sich aufs Wasser der ersten Oase – auch wenn die klar erkennbar nur eine Fata Morgana ist. Also: Dauer-Singles sind schwierige Kandidaten.

Und doch gibt es ein Lichtlein am Ende des Tunnels. Treffen nämlich zwei Dauer-Singles aufeinander und verfügen beide über ein beträchtliches Maß an Selbstbewusstsein, gesundem Egoismus und Durchsetzungsstärke, kann daraus sogar die beste und haltbarste Konstellation überhaupt werden. Zwei robuste Dauer-Singles, von Verdruss geplagt, vom Leben gebeutelt und tausendmal enttäuscht, die es gegen jede Vernunft und gegen jedes logische Argument doch noch ein letztes Mal versuchen? Das kann funktionieren! In solchen Beziehungen knallt es mitunter wie in einem implodierten Atomreaktor, aber sie sind überdurch-

---

* *Als Dauer-Single bezeichnet man Singles, die mindestens zwei Jahre keine feste Partnerschaft mehr hatten.*

schnittlich halt- und vor allem äußerst belastbar. Zwei »Lonely Rider« auf dem Highway des Lebens, zwei Alphatiere, die sich nicht unterordnen mögen, zwei Rudelführer, deren Stimmen den Urwald zum Schweigen bringen: bingo. Gesucht und gefunden. Und weil Sie vermutlich auch so ein starkes »Alphatier« sind, wissen Sie nun, wonach Sie suchen müssen!

Sind Singles schnell von einer Beziehung gelangweilt?

Ja, das sind sie. Und nur wenige Menschen, die einen Single kennenlernen, machen sich die Tragweite dieses Problems bewusst. Das ist einer der Gründe, warum so viele Beziehungen zu Singles, die eigentlich ganz vielversprechend begonnen haben, sehr schnell wieder enden. Es ist doch zweifellos richtig, dass das Alleinleben Vorteile mit sich bringt. Man muss zum Beispiel niemandem Rechenschaft ablegen. Man kann tun und lassen, was man will. Man kann seine Sachen herumliegen lassen und die Beine hochlegen, ohne die Schuhe auszuziehen. All so was. In einer Beziehung fehlen dem Single diese Vorteile. Er ist vielleicht gar nicht von der Person gelangweilt, mit der er sich soeben eingelassen hat – aber die unliebsamen Begleiterscheinungen einer Partnerschaft und der Verzicht auf die Vorteile des Single-Lebens, die stören ihn. Und weil der Single (auch ein wichtiger Punkt) sein eigenes Verhalten in aller Regel nur sehr schwer richtig einzuschätzen weiß, schiebt er sein Unwohlsein auf die Partnerschaft, auf die andere Person: *Die* ist langweilig, und *deshalb* geht es mir nicht so gut, sagt er zu sich. Und meint damit: Mir fehlt das Gefühl der Freiheit, das mich doch vor kurzer Zeit noch zutiefst gelangweilt hat.

Der Single will immer das, was er gerade nicht hat (ein Satz, den Sie sich an den Badezimmerspiegel heften können). Und deshalb gilt die eiserne Regel: Wenn Ihnen etwas liegt an dem Single, dann halten Sie den größtmöglichen Abstand und nähern sich dieser wundersamen Kreatur nur, wenn Sie ausdrücklich und unter Tränen darum gebeten werden.

Warum schmeißen viele Dauer-Singles beim geringsten Anlass alles hin?

Sie tun das tatsächlich. Es gibt dafür vier Gründe, die sich immer wiederholen. Hier lesen Sie, welche das sind und wie viel Schuld Sie möglicherweise selbst daran haben.

Hier ist der erste Grund! Der Single ist vielleicht gar nicht so unglücklich mit seinem Single-Leben, aber dann gibt es da plötzlich jemanden (Sie zum Beispiel), und der Single lässt sich darauf ein. »Kann man mal machen«, sagt der Single zu sich selbst. Sie jedoch sind fast schon verliebt. Sie befinden sich auf sehr, sehr dünnem Eis! Eine falsche Äußerung von Ihnen, irgendetwas total Blödes, vielleicht sagen Sie gern »Prösterchen« statt »Prost«, der Single jedoch hasst Menschen, die »Prösterchen« statt »Prost« sagen und – schon ist er weg. Eigentlich wollte er ja sowieso keine Beziehung. Oder Sie benutzen ein Parfum, das der Single nicht mag. Oder Sie tragen Ihre Handtasche mit einer Körperhaltung, die ihm zuwider ist. Oder Sie ziehen ein Kleidungsstück an, das er dämlich findet. Oder Ihre Haare riechen irgendwie muffig. Die kleinste Kleinigkeit genügt. In diesem Fall können Sie nichts dafür. Ihr Schuldfaktor auf der Skala von 1 bis 10 liegt unter Null. Sie hatten einfach nur Pech.

Hier ist der zweite Grund! Der Single wägt ab, was für ihn besser ist. Lange hat er alleine gelebt und hatte alles ziemlich gut im Griff, bis auf die Sache mit der Partnerschaft. Da es keine gab, konnte er natürlich auch keine im Griff haben. Jetzt könnte er eine haben, denn es gibt ja SIE. Freudig stürzt sich der Single hinein. Dann stellt er aber fest, dass eine Partnerschaft nicht immer nur witzig ist. Sondern dass es auch Ansprüche gibt, die man erfüllen muss. *Ansprüche* erfüllen? Das kannte der Single die letzten Jahre gar nicht. Eigentlich möchte er keine Ansprüche erfüllen. Das ist ihm viel zu mühsam. Und schon ist er weg. Sie können ein bisschen was dafür, denn vermutlich haben Sie den Single zu früh mit Ihren Ansprüchen belästigt. Ihr Schuldfaktor auf der Skala von 1 bis 10 liegt bei 3.

Hier ist der dritte Grund! Der Single möchte guten Sex, und Sie möchten mehr. Bereits nach dem ersten Sex wartet der Single nur darauf, dass Sie irgendeinen Fehler machen. Etwas Dummes sagen oder sich irgendwie blöd benehmen. Er kratzt die Kurve. Sie können nichts dafür, außer, dass Sie sich zu früh auf mehr als Sex eingelassen haben. Ihr Schuldfaktor auf besagter Skala liegt bei 1 bis 2.

Hier ist der vierte Grund! Der Single wünscht sich durchaus eine Beziehung, genauso wie Sie, und nun haben Sie sich gefunden. Aber Sie mischen sich viel zu früh und viel zu sehr in sein Leben ein. Sie wollen ihn ändern. Er soll so sein, wie Sie ihn haben möchten. Der Single bekommt Angst. Er flüchtet. Das haben Sie zu verantworten. Ihr Schuldfaktor liegt bei 10.

Warum leben so viele Singles im totalen Chaos?

Weil es Dinge gibt, die nur zu zweit Spaß machen. Gutes Kochen zum Beispiel! Wer stellt sich schon alleine zu Hause in die Küche und kocht ein kompliziertes Dinner for one, um dann allein am Tisch zu sitzen und das Ergebnis von drei Stunden Küchenarbeit in weniger als 15 Minuten in sich hineinzuschlingen? (Machen Sie doch auch nicht gerne.) Des Singles Koch ist der Pizzabote. Aufräumen macht auch keinen Spaß, wenn man alleine lebt. Es ist ja keiner da, der sich auf den zweiten Stuhl setzt. Also kann man dort ebenso gut die schmutzigen Socken zwischenlagern oder den Karton von der Pizza.

Wer schenkt sich selber Blumen? Niemand. Deshalb gibt es in Single-Wohnungen auch keine. Fensterputzen, na gut, das machen auch Singles manchmal, aber: Wenn man immer nur alleine rausguckt, stört einen irgendwann selbst der Taubendreck auf der Scheibe nicht mehr. Man hat ihn fast schon lieb. Er gehört irgendwie dazu. Außerdem kacken Tauben besonders gern auf soeben geputzte Fenster, das ist »Murphy's Law«. Man wird nachlässig mit der Wohnung. Darum leben so viele Singles im totalen Chaos.

Es gibt aber nicht nur das Chaos in der Single-*Wohnung,* sondern es gibt auch das in der Single-*Seele.* Das ist schwerer aufzuräumen, denn man kann nicht einfach mit Feudel und Staubsauger durch die Seele wirbeln und sie an einem einzigen Tag in Ordnung bringen. Aber bei diesem Chaos darf man Ursache und Wirkung nicht verwechseln. Der Single mit dem *Wohnungs-Chaos* ist erst Single und lebt als Folge dieser Lebensform dann irgendwann im Chaos. Der Single mit dem *Seelen-Chaos* ist in der Regel erst chaotisch und lebt als Folge dieses psychischen Zustandes dann irgendwann als Single. Ein ganz einfacher Gedanke – den man aber erst einmal haben muss, um den Single zu verstehen.

Es gibt beziehungsunfähige Menschen, die zu keiner langfristigen Partnerschaft fähig sind. Es gibt traumatisierte Menschen, die ihr Leben lang vor allem und allen flüchten müssen. Es gibt ewige Kinder, die nur im Personalausweis erwachsen sind. Es gibt Egozentriker, die für Zweisamkeiten jeder Art untauglich sind. Es gibt Konfliktvermeider, die der Wahrheit nicht ins Auge sehen können. Schönredner, die niemals sich selbst die Schuld an irgendeinem Versagen geben würden, sondern für alles eine Entschuldigung haben. Schauspieler, die ihr eigenes Publikum sind und sich selbst applaudieren. Und vor allem gibt es die vielen kleinen Hochstapler, die sich allzu gern zwei oder drei soziale Stufen höher sehen würden, als ihnen und ihrer Situation angemessen wäre. Mit all diesen furchtbaren Typen müssen Sie rechnen, wenn Sie einen Single treffen. Er ist nicht zufällig Single. Er ist ein Seelen-Chaot, und Sie werden es viel zu spät feststellen. Sein letzter Partner würde Sie am liebsten fest in den Arm nehmen und drücken: »Herzliches Beileid, dass du an diesen Single geraten bist. Ich habe das Gott sei Dank gerade noch rechtzeitig gemerkt.«

Warum ziehen sich Singles zurück, wenn man ihnen näherkommt?

Es ist die älteste Regel der Welt. Sie galt schon für Adam und Eva, und sie gilt heute noch. Zwischen Mann und Frau muss es knistern. Es muss eine gewisse Spannung geben. Das Bedürfnis nach mehr. Einer zieht sich zurück, der andere giert nach ihm. Einer öffnet sich, der andere macht dicht. Einer geht einen Schritt vor, der andere geht einen zurück. Das gilt niemals wieder so sehr wie in der spannenden Kennenlern-Phase. Denn natürlich kann man diesen interessanten Spannungsbogen zwischen zwei Menschen nicht ein Leben lang erhalten (das wäre viel zu anstrengend): Irgendwann ist man eben glücklich vereint, und der Spannungsbogen flacht ab. Trotzdem sollte man immer wieder daran denken, dass auch eine gut funktionierende und schon lange bestehende Partnerschaft hin und wieder diesen Spannungsbogen braucht! Aber eben nicht mehr so sehr wie am Anfang, und auch nicht mehr auf Dauer.

Mit Adam und Eva wäre vielleicht alles gut gegangen, wenn ER den blöden Apfel nicht genommen hätte. Denn was ist da wirklich passiert? SIE hat ihn gelockt (mit dem verbotenen Apfel). Natürlich hat sie geglaubt, dass sie einen Helden an ihrer Seite hat, der ihr die kleine Sünde (das Pflücken) gleich mit einer deftigen Backpfeife austreiben würde.[*] Dann hätte sie einen Flunsch gezogen, aber sie hätte sich gefügt. Der Spannungsbogen wäre erhalten geblieben.

---

[*] *Wir vermuten einfach mal, dass Adam das mit Gottes Segen hätte tun dürfen. Allerdings halten wir das nicht unbedingt für einen »paradiesischen« Zustand …*

Aber was hat er gemacht, der Depp? Nimmt ihr brav den Apfel ab und beißt rein! Schwerer Fehler. In dem Moment war der Spannungsbogen gebrochen. SIE war gelangweilt. Kein Held an ihrer Seite, kein Macher. Keiner, der auch mal Nein sagen kann. Keiner, zu dem sie aufschauen könnte. Adam hat es verzockt. Er war ein *Loser*, ein Schwächling. Die Vertreibung aus dem Paradies hat vermutlich niemals stattgefunden. Stattdessen war es so: Eva hat die Koffer gepackt und ist zu einem echten Macho gezogen.

Singles ziehen sich zurück, weil sie sich nach diesem Spannungsbogen sehnen, aber nur selten bleibt er lange erhalten. Sie verbringen einen spannenden Abend und vielleicht eine rauschende Liebesnacht mit ihrer neuen Bekanntschaft und möchten danach erst einmal entspannen und nachdenken. Schon klingelt das Handy, und die neue Eroberung ist dran: »Hallo Schatz...« Ätz! Da ist doch keine Spannung mehr drin! Wer sich NICHT meldet, ist spannend. Wer sich meldet, ist out. Nur darum ziehen sich Singles so schnell zurück, wenn man ihnen näherkommt.

30. Frage

Warum sind Singles so selbstmitleidig?

Nichts fällt so schwer, wie eigene Schwächen zuzugeben. Sie werden niemals eine Single-Frau treffen, die sagt: »Ich besitze einfach keine Menschenkenntnis, und deshalb verliebe ich mich immer in die falschen Männer.« Sie werden aber sehr viele Single-Frauen treffen, die von sich selbst sagen: »Ich *gerate* immer an die falschen Männer.« Die Wortwahl ist verräterisch: *Geraten* ist kein aktives Wort, sondern beschreibt ein passives Geschehen. Aus Versehen, zufällig, gegen den eigenen Willen oder auf Grund widriger Umstände *gerät* man in etwas: zum Beispiel in ein Unwetter oder eben an die falschen Männer. Wer in etwas *gerät,* der ist dafür nicht verantwortlich. Er ist kein Täter, sondern er spielt die Opferrolle. »Ich kann doch nichts dafür, dass es so ist.« In der Opferrolle braucht man Trost und Mitleid, genau: Selbstmitleid.

Viele Singles verharren jahrelang hilflos und quasi bewegungsunfähig in der Rolle des bemitleidenswerten Beziehungsopfers. Das Selbstmitleid hat für sie eine Schutzfunktion. Ohne ihre bequeme Opferrolle müssten sie sich sonst nämlich eingestehen, dass sie einfach nur blöd sind oder beziehungsunfähig oder kindheitsgeschädigt, oder dass sie zum Klammern neigen, oder dass sie (wie oben erwähnt) über null Menschenkenntnis verfügen, oder dass sie sich ihre Partner nach total falschen Kriterien aussuchen, oder dass sie in eine Partnerschaft rein gar nichts einbringen können, oder dass sie miese Egozentriker sind, oder, oder, oder.

Sie müssten *kritisch über sich selbst* nachdenken, was den meisten Menschen extrem schwerfällt. Sie müssten Verantwortung für sich selbst übernehmen. Und sie müssten daran arbeiten, ihr eigenes Verhalten, ja vielleicht sogar ihre Persönlichkeit zu verändern. Das will niemand, das ist schwer. Es tut weh und geht vielleicht auch gar nicht alleine. Hier kommt nun eine Person ins Spiel, deren Bedeutung beim Thema Selbstmitleid gar nicht hoch genug einzuschätzen ist. Und das ist die beste Freundin der im Selbstmitleid zerfließenden Single-Frau.

Ja, wir reden hier mal nur über Frauen, da der beste Kumpel des selbstmitleidigen Single-Mannes in der Regel gar nicht spricht, wie wir das von Männern ja kennen. Die beste Freundin der Single-Frau spricht jedoch sehr viel, das heißt, die beiden tratschen und ratschen Stunde um Stunde, hecheln einen Mann nach dem anderen durch und kommen immer wieder zum selben Ergebnis: Alle sind schlecht, gemein, untreu, arrogant, verheiratet, hinterhältig, unattraktiv oder bettelarm (schlimmstenfalls sogar alles auf einmal). Die beste Freundin neigt dazu, das ohnehin schon überschäumende Selbstmitleid der Single-Frau glatt noch einmal zu verdoppeln, indem sie die Single-Frau zu trösten versucht und sie in ihrer Opferrolle bestärkt, anstatt ihr einfach mal die Wahrheit zu sagen.

Die beste Freundin sagt nur ungern die Wahrheit, weil sie dann nämlich nicht mehr lange die beste Freundin der Single-Frau wäre. Sie ist genauso konfliktscheu wie die Single-Frau. Sie heult mit, anstatt auf den Tisch zu hauen. Sie ist, verzeihen Sie diese Offenheit, manchmal einfach eine unglaublich schlechte Beraterin.

4. Kapitel

Der Single und seine eventuellen Vorteile

Kann man sich einen Single hobbymäßig halten?

Den Single so als Haustier oder als Sexualobjekt, als Blitzableiter, Seelentröster oder Psycho-Sklaven? Das wäre doch was. Die eigene Partnerschaft ist zwar okay, und man möchte sie nicht unbedingt aufgeben, aber hier und da fehlt einfach was: Die Erotik ist erloschen, der eigene Mann hört einem nicht mehr zu, man möchte als Mann mal wieder bewundert werden, oder man hat einfach nur das Bedürfnis nach Abwechslung. Feuchte Träume sind ja okay, da kann man an eine Fantasiefigur seiner Wahl denken. Aber »*in real life*«? Sollte man sich einen Single für nebenbei suchen und ihn schamlos fürs eigene Wohlbefinden ausnutzen, um ihn dann entspannt zu entsorgen? Der Single dürfte ja ruhig etwas kosten, denn kein Hobby ist ganz billig. Nur müsste es eben ein Hobby *bleiben,* und keinesfalls dürfte der Single irgendwelche Ansprüche stellen …

Die Idee ist tatsächlich nicht schlecht. Millionen verheiratete Männer hatten sie schon. Auch Sie kennen das. Diese Männer leisten sich eine Geliebte, die in der Regel Single ist. Und immer mehr verheiratete Frauen gönnen sich einen jungen Geliebten (wie oft das passiert, möchten die Männer lieber gar nicht erst wissen – es passiert auf jeden Fall öfter, als sie denken).

Allerdings funktioniert diese Idee meistens nur in der Theorie. Sie ist (leider, werden viele sagen) nicht praxiskompatibel. Das liegt daran, dass die Psyche des nach westlichen Maßstäben orientierten Menschen diese Konstellation nicht lange aushält. Einer von beiden will immer mehr. Entweder verliebt man sich nach einer Weile in den Single, oder der Single möchte nicht länger nur das Hobby sein. Schon gibt es Stress, und der wird dieses

Lebensmodell sehr schnell zum Platzen bringen. Unterm Strich ist deshalb davon abzuraten, sich einen Single hobbymäßig zu halten. Fazit: Dieser eventuelle Vorteil ist keiner. Dieser Schuss geht vermutlich irgendwann nach hinten los.

Sorgen Singles für sich selbst?

Damit sollte man keinesfalls rechnen. Der Single hatte die letzten Jahre seine liebe Mühe damit, für sich selbst zu sorgen. Gefallen hat ihm das nicht. Er ist der Meinung, dass es nun wirklich reicht.

Demzufolge wird sich der Single, wenn er erst einmal mit Ihnen zusammen ist, gemütlich zurücklehnen. Endlich ist jemand da, der für ihn sorgt. Hatte er nicht die ganze Zeit über genug Stress? Die wenigsten Exsingles sorgen für sich selbst, wenn sie keine Singles mehr sind. Sondern sie lassen sich hängen und freuen sich, wenn sie bemuttert werden.

So weit die schlechte Nachricht. Aber natürlich gibt es auch eine gute. Wenn Sie nämlich an einen Single geraten würden, der auch weiterhin so wie ein Single für sich selbst sorgen wollte, dann hätten Sie ein Problem. Sie könnten mit diesem Single Ihre eigenen Vorstellungen von einer Partnerschaft nämlich gar nicht durchziehen. Sie hätten in diesem Fall niemanden an Ihrer Seite, der partnerschaftskompatibel ist. Sie hätten einen Dauer-Single, und das würde Ihnen auch nicht gefallen.

Sie sind, sagen wir mal, eine Frau. Sie fangen an, sich in der Wohnung eines männlichen Singles wohlzufühlen. Natürlich möchten Sie zu allererst alles »schön« machen, Sie möchten Ihre »Duftmarken« hinterlassen, alles soll nun etwas »gemütlicher« wirken, und was Frauen eben noch so denken, wenn sie die Wohnung eines männlichen Singles okkupieren.

Also fangen Sie natürlich erst einmal an zu putzen, denn daran scheint es in dieser Wohnung nachhaltig zu hapern. Sie tun das auch gern, denn schließlich soll es ja demnächst die »gemeinsame« (sprich: Ihre) Wohnung sein, also Sie putzen für die

Partnerschaft. Wenn sich der männliche Single nun so gar nicht darüber freut, sondern Sie sogar von dieser edlen Tätigkeit abhält und sagt: »Ich möchte nicht, dass du bei mir putzt, denn das hier ist meine Wohnung, und in der lebe ich genau so, wie ich das möchte« – würden Sie den Single dann nicht zu Recht für vollkommen partnerschaftsunfähig halten? Heulend würden Sie den Lappen in den Putzeimer schmeißen! Und darum ist es eigentlich eine gute Nachricht, dass Singles meistens nicht mehr länger ganz allein für sich selbst sorgen möchten.

Oder Sie sind, sagen wir mal, ein Mann. Natürlich möchten Sie nun den weiblichen Single unter Ihre Fittiche nehmen. Stress mit dem bösen Nachbarn? SIE übernehmen das! Wer sonst? »Lass mal, Schatz. Ich mach das für dich.« Und schon schreien Sie den Nachbarn zusammen, bis er einen Hörschaden hat und zu weinen anfängt.

Wenn sich die Single-Frau nun so gar nicht darüber freut, sondern Sie sogar von mutigen Aktionen wie dieser abhält und sagt: »Ich möchte nicht, dass du meinen Nachbarn zur Sau machst, denn das hier ist meine Wohnung, und mit meinen Nachbarn werde ich alleine fertig« – würden Sie den Single dann nicht zu Recht … Eben. Ist doch so.

Gibt es zwischen Singles die optimale platonische Freundschaft?

Das ist nicht nur selten, sondern es ist sogar undenkbar. Es sei denn, einer von beiden ist schwul bzw. lesbisch, und der andere ist hetero. Oder beide sind hetero und vom gleichen Geschlecht. Alle anderen Konstellationen funktionieren leider nicht. Single-Frauen haben ihre allerbeste Single-Freundin, und das ist wunderbar. Single-Männer haben ihre Single-Kumpels, und gemeinsam schweigen ist fast so schön wie gar nicht reden. Eine Single-Frau auf der Suche nach Mr. Right und der Single-Mann auf der Suche nach Mrs. Right werden hingegen niemals wahre Freunde sein können. Weil einer von ihnen nach einer Weile mehr will als eine nur platonische Freundschaft. Und dann ist sie keine mehr.

»Tausendmal berührt, tausendmal ist nichts passiert«: Sie kennen das Lied. Irgendwann, wenn etwas Alkohol geflossen ist und Sie sich wieder einmal an den falschen Hals gehängt haben, woraufhin Ihre platonische Freundschaft Sie wieder einmal so wunderbar getröstet hat, werden Sie mit Ihrer platonischen Freundschaft im Bett landen. Vielleicht hätten Sie da schon längst landen sollen, aber das ist ein anderes Thema. Jedenfalls ist es dann vorbei mit der rein platonischen wunderbaren Freundschaft, denn jetzt beginnt der Alltag des Lebens. Und der ist nicht immer nur schön (Sie wissen, wovon die Rede ist).

Wenn man miteinander geschlafen hat, ist es auch nicht möglich, einfach wieder auf das Niveau der optimalen platonischen Freundschaft zurückzukehren, also den spontanen, von Frust und Trauer verursachten Sex im Nachhinein einfach zu vergessen und so zu tun, als hätte es ihn nie gegeben. Dafür sind wir nicht gemacht. Sie werden feststellen, dass der Single schon längst mit dem Gedanken gespielt hat, Ihre Freundschaft auf eine neue, rein gar nicht platonische Ebene zu heben. Oder Sie stellen fest, dass Sie ganz glücklich über diese neue Entwicklung sind. Das Gleichgewicht ist nicht mehr da.

Wenn Sie aber beide damit glücklich sind, dass Sie jetzt keine platonische Freundschaft mehr haben, sondern stattdessen eine richtige Beziehung, dann ist sowieso alles klar, und man kann Ihnen gratulieren. Nur ist diese Chance relativ gering: Einer von beiden sehnt sich schon bald nach früher zurück, als alles noch so schön platonisch war.

Sind Singles spontaner als andere?

Das sollte man eigentlich erwarten, oder? Ein Single hat doch nach landläufiger Meinung abends nichts zu tun. Er hockt alleine in seiner Bude und müsste froh sein, wenn ihn da jemand rausholt. Auf Partys steht der Single alleine in der Ecke, wird misstrauisch beäugt und immerzu verdächtigt, dass er sich in eine fremde Beziehung einmischen will. Wenn man jetzt einen Single spontan anruft und sagt: »Hey, wollen wir heute nicht mal zusammen essen gehen oder ins Kino?«, dann müsste der Single doch (so erwartet man das eigentlich) vor Freude einen Luftsprung machen und sofort dabei sein!

Das gilt sicherlich für jüngere Singles. So ungefähr ab 40 werden viele jedoch erstaunlich unspontan. Das Selbstmitleid hindert den reiferen Single daran, Luftsprünge zu machen. Er zieht sich am liebsten die Decke über den Kopf und heult in die Kissen. Ältere Singles werden von Monat zu Monat wunderlicher. Auch sie haben sich anfangs, als Neu-Singles, todesmutig ins pralle Partyleben gestürzt. Aber wenn sie einige Jahre allein waren, fallen sie in ein tiefes Loch der Verzweiflung. Sie lassen sich hängen, sie lassen sich gehen. Früh am Abend sieht man sie schon in unförmigen Gute-Nacht-Anzügen herumschleichen, an den Füßen haben sie ebenso bequeme wie hässliche Socken oder Pantoffeln, sie entdecken ihre Liebe zu schwachsinnigen Vorabendserien, und der Pizzabote ist bald ihr bester Freund. Wenn jetzt um neun oder zehn Uhr abends die beste Freundin oder der beste Kumpel anruft und sagt: »Komm, wir treffen uns da und dort«, dann sagt der Single: »Ach lass mal, ich bin eigentlich schon bettfertig. Ich will heute nicht mehr raus.« Kennen Sie gut?

Was man so über glücklich herumflirtende Singles liest, die jede Chance für einen One-Night-Stand nutzen und genießen, dass sie niemandem Rechenschaft ablegen müssen, gilt durchaus nicht für jede Generation. Der Standard-Single um die 40 vergreist früh, er verspießert, er friert seelisch ein, und er wird von Monat zu Monat unspontaner. Auch das muss man wissen, wenn man sich mit einem Single spontan verabreden möchte.

35. Frage

Stimmt es, dass Singles einfach besser zuhören können?

Ja, das ist tatsächlich der Fall. Es gibt dafür eine ganz einfache Erklärung: Der Single versetzt sich gern in die Rolle von anderen, die gerade eine schöne Partnerschaft oder eine schwere Krise durchmachen, hört sich alles genau an und überlegt dann, wie er sich wohl in der gleichen Situation verhalten würde.

Ein Single ist deshalb als seelischer Mülleimer sehr gut, und das gilt für den Single-Mann ebenso wie für die Single-Frau. Die ist aber trotzdem noch ein bisschen besser geeignet, wenn man jemanden zum Zuhören braucht, weil sie als Frau sowieso vollkommen fasziniert ist von den schrecklichen oder romantischen Dingen, die anderen Menschen passieren. Frauen leiden ja allzu gerne mit.

Menschen in einer festen Partnerschaft sind nicht so gute Zuhörer, und auch das hat einfache Gründe. Erstens haben sie meistens noch etwas vor, und deshalb wollen sie irgendwann nach Hause. Zweitens fangen sie schon sehr bald an, von sich selbst und ihrer eigenen Beziehung zu erzählen. »Also bei mir war das so …«, beginnen sie, und schon nimmt das Gespräch eine ganz andere Wendung. Man wollte sich doch nur mal ausheulen oder das eigene überströmende Glück mit jemandem teilen, und jetzt ist von einem selber gar nicht mehr die Rede? Man kann »super, schön für dich« oder »oh wie schrecklich« murmeln und den Rest des Abends selber den Zuhörer spielen, aber das war doch eigentlich nicht Sinn der Sache. Man brauchte doch jemanden, der wirklich nur zuhört und nicht gleich von sich selbst erzählt!

Singles sind also die besseren Zuhörer. Aber das bedeutet noch nicht, dass ihre Kommentare auch wirklich ehrlich sind. »Ich freu mich so für dich« und »Du tust mir so leid« – das kann auch bedeuten: »Warum hat sie so ein verdammtes Schwein und ich nicht« bzw. »Geschieht ihr doch vollkommen recht, warum gerät sie immer an die Falschen«. Schließlich darf man nicht vergessen, dass auch der Single nur ein Mensch ist, und Menschen neigen nun einmal zu Neid bzw. zu Besserwisserei und Missgunst.

Gut möglich ist aber auch, dass der Single überhaupt keine Lust auf die Rolle des seelischen Mülleimers hat. Das machen sich die wenigsten Menschen klar! Die Tatsache allein, dass jemand einem *zuhört*, bedeutet ja noch lange nicht, dass derjenige einem auch wirklich *zuhören möchte*. Wenn man den Single zwei geschlagene Stunden mit dem traurigen Ende der eigenen Beziehung berieselt hat, dann sollte man durchaus schon mal eine Pause einlegen und ausnahmsweise auch mal fragen, wie es dem Single geht. Aber nicht nur: »Und, wie geht's dir?« Antwort: »Och, nix Neues.« »Okay, also was ich dir noch unbedingt erzählen muss ...« Und schon geht es weiter? Nein!

Singles können nicht nur zuhören. Sie haben auch ein Recht darauf, dass man ihnen zuhört. Man sollte das wenigstens hin und wieder einmal in Erwägung ziehen.

Darf man einen Single benutzen, zum Beispiel als Begleiter für Partys?

Auf jeden Fall! Meistens macht man das natürlich, wenn man selbst auch gerade (natürlich nur vorübergehend) Single ist. Es gibt ja nichts Ätzenderes, als allein auf einer Party rumzulungern, auf der sonst nur Pärchen sind.

Je attraktiver der Single ist, den man für so einen Anlass benutzt, desto besser ist es für das eigene Ego. Eine schöne Frau an deiner Seite wird von allen Männern angeflirtet, ein geiler Typ an deiner Seite wird von allen Frauen angeschmachtet. Du selbst kannst dich total entspannen. Einerseits bewundern dich alle, weil du ihn oder sie offenbar aufgerissen hast – andererseits musst du noch nicht mal bei drohender Gefahr deine Krallen ausfahren, denn du hast ja nichts mit ihm oder ihr! Wichtig ist nur, dass man die Party auch wieder zu zweit verlässt. Denn wenn der »benutzte« Single einfach jemanden abschleppt und sich in dessen Bett verzieht, steht man selbst irgendwie ganz besonders dumm auf der Party rum. Also sollte man schon vorher eine klare Absprache treffen.

Mit Singles kann man auch sehr schön in die Oper gehen. Die meisten Singles lieben Opern (auch Männer, die eigentlich keine Opern mögen). Das liegt daran, dass Opern so dramatisch sind und sich Singles auch in einem höchst dramatischen Zustand befinden. Über eine Oper möchte man doch hinterher mit jemandem reden können, also nimmt man einen Single mit. Außerdem ist es ziemlich blöd, wenn man in der Opernpause mit dem Glas Sekt in der Hand alleine dasteht und ein Pärchen fragen muss, ob man sich mit an den Stehtisch stellen darf.

Ein Problem kann dadurch entstehen, dass man ganz genau weiß: Dieser Single ist heimlich in dich verliebt. Darf man denn einen verliebten Single auch als Begleiter missbrauchen? Das hängt davon ab, wie eiskalt Sie sein können. Wenn Ihnen das vollkommen egal ist, dann werden Sie es wahrscheinlich tun. Wenn Sie aber noch einen Rest Ehrgefühl in sich spüren, dann werden Sie es lieber lassen. Denn es ist ziemlich gemein, einen verliebten Single erst als Begleiter zu benutzen und ihn hinterher wieder in die Ecke zu stellen wie einen alten Besen.

Kann man mit Singles die schönen Dinge teilen und die schlechten ausklammern?

Gegenfrage: Sind Sie ein sehr oberflächlicher Mensch, der mit ein bisschen Small Talk zufrieden ist? Dann kann es nämlich durchaus funktionieren. Leider nur dann.

Man kann mit dem Single zum Beispiel einen schönen Sonntagnachmittag-Spaziergang machen und danach noch irgendwo einkehren. Ein wunderschöner Tag! Man kann auf eine Party gehen und sich gemeinsam zeigen. Ein gelungener Abend! In die Oper geht man mit dem Single, ins Kino oder ins Konzert. Danach sitzt man noch irgendwo zusammen und tauscht die gewonnenen Eindrücke aus. Schön ist das! Man erzählt dem Single nichts davon, dass man nachts in die Kissen weint. Man belästigt ihn nicht mit der schwierigen Aufbereitung der letzten »richtigen« Beziehung. Man will andererseits auch gar nichts von den Problemen hören, die der Single mit sich herumschleppt. Alles ist schön. Alles ist gut. Alles bleibt immer hübsch an der Oberfläche. Aber … funktionieren wird es nur für eine gewisse Zeit. Langfristig nicht.

Denn selbst wenn man keinerlei Lust hat, dem Single die eigenen Schwierigkeiten offenzulegen: Was ist denn mit dem seelischen Zustand des Singles? Irgendwann wird er anfangen, von sich selbst zu erzählen. Und lässt man sich dann darauf ein, oder sagt man: »Du, entschuldige: Ich unternehme zwar etwas mit dir, aber ich habe überhaupt keine Lust, mir deinen Frust anzuhören«?

Die Kernfrage ist, welche Rolle der Single eigentlich in Ihrem Leben spielen soll. Entweder sind Sie richtig gute Freunde. Dann teilt man fast alles, auf jeden Fall muss man auch in schwierigen Zeiten füreinander da sein. Oder es ist so eine ganz oberflächliche

Geschichte nach dem Motto: Du hast nichts vor, ich hab nichts vor – also machen wir was gemeinsam und gehen dann wieder auseinander.

Wenn Sie genau das wollen, können Sie mit einem Single schöne Stunden verbringen. Eine richtig gute Freundschaft wird so garantiert nicht draus. Aber zum Glück sind Sie ja kein so oberflächlicher Mensch.

Sind Singles verschwiegener als andere Menschen?

Dieses Thema ist mit Vorsicht zu genießen. Man kann dabei nämlich fürchterlich auf die Nase fallen. Einerseits sind Singles ganz ideal dafür geeignet, dass man ihnen ein Geheimnis anvertraut. Sie schweigen zwangsläufig wie ein Grab, weil bei ihnen zu Hause relativ wenig gesprochen wird. Da ist ja keiner, dem sie die Geschichte brühwarm weitererzählen könnten.

Andererseits haben viele Singles wechselnde soziale Kontakte, zum Beispiel treffen sie sich mit viel mehr Freunden auf einen Kaffee als Leute, die in einer festen Beziehung leben. Wer aber mit vielen verschiedenen Menschen Kontakt hat, der wird ganz automatisch mehr sprechen, also mehr plaudern und – ausplaudern. Singles neigen obendrein zum Tratschen. Liebesgeschichten – zumal, wenn sie unglücklich enden – sind für Singles bittersüß wie Schokolade; sie machen süchtig und lenken vom eigenen Unglück ab. Was einen aber richtig bewegt und innerlich aufrührt, das will man doch nicht für sich behalten. Das muss man einfach mit jemandem teilen! Natürlich nur unter dem Siegel der tiefsten Verschwiegenheit. Quintessenz: Sie können einem Single also jedes Geheimnis der Welt anvertrauen. Wenn Sie möchten, dass es nicht mehr lange ein Geheimnis bleibt.

39. Frage

Kann man Single bleiben und trotzdem was fürs Herz haben?

Das haben schon Millionen Singles versucht, denn es wäre ja vielleicht ganz ideal. Aber es hält keinem Praxistest stand. Das ist auch so ein Gesetz: Entweder ist man Single, oder man hat was fürs Herz. Denn wenn man was fürs Herz hat, ist man kein Single mehr. Sondern man hat eine Beziehung. Auch wenn man eigentlich gar keine will.

Was bedeutet das denn: »Was fürs Herz haben«? Es bedeutet, dass man sich irgendwo aufgehoben fühlt, dass man gemocht (wenn nicht gar geliebt) wird, dass man einen Halt hat, dass man sich fallen lassen kann, dass man Schwächen zeigen darf, dass man nicht schauspielern muss und dass man sich öffnet. »Das Herz öffnen.« Wenn man aber jemanden hat (einmal abgesehen von der besten Freundin der Frau und vom besten Freund des Mannes), wenn man also jemanden hat, der einem genau diese Möglichkeiten bietet, dann hat man mit demjenigen eine Beziehung. So einfach ist das.

Es ist ein ganz schmaler Grat, auf dem man sich da bewegt. Er ist allzu schmal. Man wird stolpern: Denn entweder möchten Sie Single bleiben, aber dann werden Sie nichts fürs Herz haben. Oder Sie haben jemanden fürs Herz, und dann sind Sie eigentlich schon kein richtiger Single mehr. Denn Singles sind einsam.

Viel einfacher wäre es, wenn die Frage dieses Kapitels so lauten würde: »Kann man Single bleiben und trotzdem was fürs Bett haben?« Da hieße die Antwort ganz klar: Ja, natürlich! Das Sexualleben kann man easy abkoppeln und sich hin und wieder einen Single greifen, mit dem man eine heiße Liebesnacht verbringt.

Stimmt es, dass von zwei Singles einer immer mehr will als der andere?

Er ist Single. Sie ist Single. Die beiden können wunderbar miteinander reden. Sie sind wirklich die aller-, allerbesten Freunde. Sie haben keinerlei Geheimnisse voreinander. Es wird viel gelacht, wenn sie zusammen sind. Und das Schönste, was ihre Beziehung so wundervoll und haltbar macht: Sie haben gar keine Beziehung, schon gar nicht miteinander, und sie wollen auch keine! Beide sind nämlich gerne Single! Und das soll auch so bleiben.

Oft sprechen die beiden darüber, wie furchtbar das wäre, wenn sie ineinander verliebt wären. Was für ein Stress! Eifersucht! Kummer! Szenen! Tränen! Und dann erst der schreckliche Alltag! Mit Langeweile, mit Ritualen, alles so spießig und in festen Gleisen!

Nein, nein: Das kommt gar nicht infrage. Single sein ist doch das Schönste, was es gibt. Nicht wahr, Schnuckel? Ja, mein Schatz. Es ist alles wunderbar, so wie es ist mit uns. Und eng umschlungen wie Brüderchen und Schwesterchen schlafen sie selig lächelnd ein.

Diese Geschichte von zwei Singles ist frei erfunden. Sie wird so niemals passieren. Denn sie ist total unrealistisch! Maximal einer von beiden ist mit der Situation, so wie sie ist, hoch zufrieden. Der andere tut nur so. Er will nämlich keinesfalls – und jetzt kommt eine Aufzählung von möglichen Motiven: a) die Freundschaft aufs Spiel setzen, b) sein Gesicht oder c) den Menschen, der ihm so nahe steht, verlieren, d) Stress verursachen, e) seine Gefühle preisgeben, f) hinterher als Verlierer dastehen, g) uncool erscheinen, h) enttäuscht, i) ausgelacht oder j) beschimpft werden, k) sich selbst eingestehen, dass er verliebt ist, oder l) Verantwortung übernehmen. Weitere denkbare Motive: Der Single ist

m) entscheidungsfaul, n) ängstlich, o) hypersensibel und verletzlich, p) sich selbst der Situation gar nicht bewusst oder q) so sehr von schlechten Erfahrungen geprägt, dass er eine neue Beziehung scheut wie der Teufel das Weihwasser. Er könnte auch r) schüchtern sein oder s) einfach nicht die nötigen Worte finden, vielleicht hat er es t) schon lange vor oder schiebt u) die notwendige Aussprache seit Monaten oder Jahren vor sich her. Es gibt vielleicht v) ein grundsätzliches Missverständnis zwischen Ihnen beiden, das darin besteht, dass Sie beide glauben, nur ohne Beziehung sei Ihre Freundschaft etwas wert. w) Der Single glaubt, dass Sie Ihre Freiheit über alles lieben oder dass er x) bei Ihnen ohnehin keine Chance hätte. y) Es besteht ein Problem mit dem Selbstwertgefühl des Singles. Und z) Es ist genau anders herum, und a bis y trifft nicht auf besagten Single, sondern auf Sie selbst zu.

Zwei Singles, miteinander engstens befreundet, und beide wollen genau das und nicht mehr voneinander: Das gibt es nur im Märchen, oder wenn er schwul ist.

5. Kapitel

Der Single-Mann
(dieses Kapitel ist natürlich nur für Frauen gedacht)

Muss man seine (blöden) Kumpels mögen?

Wenn man als Frau einen Single kennenlernt und sich in ihn ver-liebt, dann möchte man möglichst alles über ihn erfahren. Frauen sind so. Es soll möglichst keinen weißen Fleck auf der persön-lichen Landkarte dieses Menschen geben. Frauen wollen immer alles ganz genau wissen. Unter anderem darin unterscheiden sie sich grundsätzlich von Männern, die vieles am liebsten gar nicht wissen möchten.

Mit wem der Single seine Abende verbringt, ist deshalb für jede Frau ein wichtiger Punkt. Mehr oder weniger drängend wird sie fragen, wann sie denn endlich mal seinen Kumpels vorgestellt wird. Viele Frauen machen sogar richtig Druck – so nach dem Motto: Wenn du mich liebst, wirst du mich doch nicht verste-cken! (Oh je, das war ein Fehler.) Also, der Single kommt nicht drum herum: Er muss seine alten Freunde und seine neue Bezie-hung einander vorstellen. Und damit beginnt meistens ein Drama.

Männliche Singles haben nämlich seltsame Kumpels. Der Single selbst, so wie die Frau ihn kennen- und lieben gelernt hat, verfügt über ein *gewisses Niveau*. Man kann zum Beispiel mit ihm *sprechen*. Den Alkohol genießt er *in Maßen*. Er ist *nicht frauen-feindlich* eingestellt. Seine Scherze sind *einigermaßen intelligent*. Er hat *Stil*. Beruflich strebt er *nach oben* und ruht sich nicht in der *sozialen Hängematte* aus. Kurzum, man könnte ihn den eigenen Eltern vorstellen und hat das vermutlich auch schon getan.

Und jetzt diese Kumpels. Der eine rülpst ständig vor sich hin, der andere ist dumm wie Brot, der dritte ist ein dämlicher Macho, und der vierte ist arbeitsscheu. Womöglich spielen sie alle zusam-men Fußball, dann sind es nicht vier, sondern mindestens zehn

Deppen auf einem Haufen plus der Single, der in dieser unter-irdisch schwachsinnigen Runde von Bier zu Bier an Niveau und Attraktivität verliert. Möchte man wirklich mit einem Mann zusammen sein, der sich mit solchen Nieten umgibt und dabei auch noch glücklich zu sein scheint?

Sie sollten es bei diesem einen, von Ihnen gewollten (!) Treffen belassen und ihn beim nächsten Mal nicht mehr begleiten. Sie müssen seine blöden Kumpels nicht mögen. Aber keinesfalls sollten Sie ihn wegen seines seltsamen Umgangs zur Rede stellen. Das ist seine Männerwelt, und in der haben Sie auch dann nichts verloren, wenn er kein Single mehr ist.

Sollte man gleich mal bei ihm aufräumen, putzen usw.?

Frauen machen immer wieder dieselben Fehler, wenn sie einen männlichen Single kennenlernen. Auch deshalb ist dieses Kapitel wichtig. Es muss doch einen Grund geben, warum so viele Frauen schnell verliebt und ebenso schnell wieder enttäuscht sind! Gründe dafür gibt es natürlich viele, aber einer davon ist: Die meisten Frauen räumen die Wohnung des Singles viel zu früh auf (haben Sie wahrscheinlich auch schon mal gemacht). Sie putzen auch zu schnell. Sie schaffen es einfach nicht, die nötige Distanz zu wahren. Sie können die Finger nicht vom Putzeimer lassen. Das verschreckt den männlichen Single. Er ergreift die Flucht und lässt seine Wohnung wieder verkommen, so wie er das gewohnt ist. Dann legt er die Füße – mit Straßenschuhen – auf den Tisch, zieht sich ein Bier rein, macht ein Bäuerchen und sagt zu sich selbst: »Endlich wieder allein.«

Wenn Frauen es gut meinen, dann verbreiten sie eine ungeheuer nervtötende Hektik. Überall müssen sie sich einmischen. Nichts gefällt ihnen wirklich. Auf eine gewisse typisch weiblich-herablassende Art verdrehen sie die Augen, murmeln »Männer« vor sich hin und fangen an, alles umzumodeln. »Aber ich habe es doch nur *gut* gemeint«, so jammern sie später und verstehen die Welt nicht mehr. Und das halten sie auch noch für eine Rechtfertigung! Es nützt eben nichts, wenn man etwas *gut* meint – und genau das *Falsche* macht. Darum sollten Sie diese Regeln verinnerlichen: Sagen Sie nicht Ihre Meinung zur Wohnung des Singles. Schleppen Sie keine Blumen hinein, und kaufen Sie keine Vase. Zünden Sie keine Duftkerzen an. Verrücken Sie nicht die Möbel. Machen Sie nicht den Abwasch. Putzen Sie weder die Fenster noch sonst irgendetwas. Sortieren Sie seine Sachen im Kleiderschrank nicht neu. Werfen Sie nichts weg, was ihm gehört. Heben Sie nichts vom Boden auf. Lassen Sie einfach alles so, wie es ist. Und vor allem: Räumen Sie nicht auf.

Wann darf man ihm sagen,
dass er einfach sch... eingerichtet ist?

Wahrscheinlich würden Sie es ihm am liebsten gleich am ersten Abend sagen. Jedenfalls liegt Ihnen das auf der Zunge. Die Stimmung ist allerdings so wunderbar romantisch, dass Sie sich diese Bemerkung verkneifen. Außerdem finden Sie anfangs noch alles an ihm »süß« und »niedlich«, auch seine Geschmacksverirrungen. Und Sie halten ihn ja auch noch für lernfähig. Also beschließen Sie, dieses Thema zu verschieben. Der Single ahnt davon natürlich nichts.

Einige Wochen später hat es sich irgendwie so ergeben, dass Sie ziemlich oft beim Single übernachten. Nun ist es eigentlich logisch (aus Ihrer Sicht), das eine oder andere Utensil wie Schminksachen, Zahnbürste, Tampons und Ersatz-Slip bei ihm zu deponieren, anstatt alles ständig hin- und herzuschleppen. Der Single äußert sich hierzu positiv, also zumindest widerspricht er nicht, was Sie nun wiederum als totale Zustimmung missverstehen werden. Noch ein paar Wochen vergehen, und Sie sind in seiner Wohnung schon richtig heimisch. Allerdings müssen Sie noch einiges ändern, so zum Beispiel auch die Einrichtung. Sie haben nun einen Schlüssel, alles schick umdekoriert, hier stehen Blumen, und da hängt ein neues Bild an der Wand, es riecht plötzlich auch viel besser in der ehemaligen Single-Wohnung, und dann ist Sperrmüll.

Irgendwie kriegt der männliche Single mit, dass er sich nun am Scheidewege befindet. Entweder geht er jetzt mit Ihnen zu Ikea und nimmt von seinem ehemaligen Leben Abschied. Oder er beharrt darauf, dass es seine Wohnung ist und dass es seine Möbel sind, und dann ist Stress. Spätestens jetzt müssen Sie ihm natürlich sagen, dass er sch... eingerichtet ist. Denn sonst kriegen Sie ihn nie dazu, dass er sich von dem Müll trennt. Er wird vermutlich klein beigeben, und Sie werden diese kleine Meinungsverschiedenheit zu Ihren Gunsten entscheiden können, da Männer konfliktscheu sind und Sie ohnehin die besseren Argumente haben.

Aber Sie können ziemlich sicher sein, dass der Single Ihnen Ihr hartes Urteil über seine Wohnung ankreidet. Es kommt sozusagen auf die Liste mit Ihren nicht so reizenden Eigenschaften und bleibt dort stehen, solange sich der Single an Sie erinnern wird.

Darum gilt: Noch nie hat eine Frau einem Mann zu spät gesagt, dass er sch... eingerichtet ist. Aber die meisten Frauen sagen es ihm viel zu früh.

Sollte man seine schmutzigen Socken wegräumen und für ihn waschen und bügeln?

Wenn Sie nicht für ihn putzen und ihm auch nicht sagen dürfen, dass er sch… eingerichtet ist, was Sie ja in den beiden vorigen Kapiteln hoffentlich gelernt haben, dann sollten Sie ja wohl auch nicht seine schmutzigen Socken wegräumen und schon mal gar nicht für ihn waschen und bügeln. Oder?

Doch! Da gibt es nämlich einen kleinen Unterschied, den Frauen aber gar nicht kennen können, weil sie ganz anders ticken als Männer. Ein männlicher Single findet es grässlich, wenn eine Frau in sein Leben tritt und gleich zu putzen anfängt. Er mag es auch gar nicht, wenn sie seinen Lebensstil kritisiert. Ersteres empfindet er als unnötige Hektik und Nerverei. Letzteres findet er einfach mäkelig und spießig. Wenn aber eine Frau zum Beispiel nach dem Sex die Maschine mit seinen schmutzigen Socken anschmeißt, während er die *Sportschau* guckt, dann findet er das äußerst heimelig und vertraut, aufmerksam und liebenswert. Auf dem Weg zur Waschmaschine könnte sie ihm gleich noch ein kaltes Bier mitbringen, das sie natürlich vorher bereits geöffnet haben sollte. Es wird ihm gut gefallen, wenn sie ihm beim Weg von dem Korb mit der Schmutzwäsche zur Waschmaschine noch ein glückliches Lächeln schenkt.

Zwar wird er einige grunzende Worte von sich geben, die in etwa klingen wie »Lass doch, kann ich nachher auch selber machen« oder so ähnlich, aber im Grunde meint er das nicht wirklich so. Er fühlt sich angenehm zurückversetzt in die Zeit, als er noch ein kleiner Junge war. Damals hat seine Mutti die Wäsche für ihn gemacht und auch nicht geklagt. Er kann sich nicht daran erinnern, dass sie in seinem Kinderzimmer geputzt hätte (logisch, denn das hat sie erledigt, während er im Kindergarten oder in der Schule war), und auch nicht, dass sie die Möbel in seinem Kinderzimmer kritisiert hätte (auch logisch, denn sie hatte sich die Möbel ja vom Munde abgespart). Aber dass sie gewaschen hat für ihn, daran kann sich sein Unterbewusstsein noch sehr gut erinnern. Und so, wie sie ihm früher fürsorglich einen Kakao neben das Matheheft stellte, so hätte er jetzt gern ein Bier zur *Sportschau.*

45. Frage

Wie viel Nähe verträgt er schon?

Nicht sehr viel. Ganz egal, wie lange Sie schon mit ihm zusammen sind: eine Woche, einen Monat oder länger. Kaum ein männlicher Single wird Sie wieder verlassen, weil Sie zu selten mit ihm zusammen sind. Aber fast alle männlichen Singles verlassen Frauen, weil ihnen die verdammte Nähe auf den Geist geht.

»Nie hast du Zeit für mich« ist eine Anklage, die man fast nur aus weiblichem Mund hört. Allerdings ziemlich oft. »Ich will endlich mal wieder was mit meinen Kumpels unternehmen« ist hingegen ein typisch männlicher Satz. Und wenn Sie den hören, ist es fast schon zu spät. Es ist bereits der Abgesang auf die eben erst beginnende Beziehung. Denn wenn ein Mann das sagt, hat er sich bereits emotional von Ihnen verabschiedet.

Es gibt natürlich verschiedene Singles, auch sehr anhängliche sind darunter, aber dennoch gilt die Regel: Einmal zu oft mit dem Mann verabredet ist viel, viel schlimmer als zweimal zu wenig verabredet. Er muss immer Sehnsucht nach Ihnen haben. Sie hingegen müssen Ihre Sehnsucht so weit ignorieren, wie es Ihnen möglich ist, und dann noch zwei Abende. Danach können Sie sich wieder mit dem männlichen Single verabreden. Vorher nicht. Es muss ja wohl nicht extra betont werden, dass diese Erfahrungsregeln nur für die erste Phase des Kennenlernens gelten, also ungefähr für das erste Jahr. Denn danach ist der Single ja kein Single mehr, also befasst sich dieses Buch gar nicht mehr mit ihm. Wenn der Exsingle fest mit Ihnen liiert ist, können Sie ihn natürlich so oft sehen, wie Sie wollen. Sogar jeden Abend, wenn Ihnen das nicht selber auf den Keks geht. Irgendwann wollen Sie ja vielleicht sogar mit dem Exsingle zusammenziehen bzw. ihn heiraten, und dann gibt es wieder ganz andere Bücher, die Sie dringend lesen sollten.[*]

Aber unter Nähe versteht man ja nicht nur die körperliche, also wie oft man zum Beispiel die Nächte miteinander verbringt oder etwas anderes gemeinsam unternimmt, was einen in physische Nähe zueinander bringt. Es gibt ja auch die psychische Nähe. Das Sich-nah-Sein, was auch am Telefon geht, wenn man sich einmal nicht sieht. Davon verträgt der männliche Single erheblich mehr als von der physischen Nähe. Sie können zum Beispiel ohne weitere Bedenken eine Nacht lang mit ihm durchtelefonieren oder sich seine etwas verzerrten Skype-Bewegungen im Net anschauen[**], während der Kopfhörer mit dem Mikro Ihre Frisur ruiniert. Sie müssen jedoch sorgsam darauf achten, dass der Single stets mehr Nähe sucht als Sie. Erzählen Sie nichts mehr von sich, wenn er schon heimlich gähnt. Verkneifen Sie sich aber Ihr Gähnen, wenn er noch unbedingt mit Ihnen reden möchte – egal, wie spät oder früh es ist. Verschonen Sie den Single mit Ihren persönlich erlebten Dramen, wenn der Single auch nur die geringste Spur von Unaufmerksamkeit erahnen lässt. Seien Sie hingegen ganz Ohr, wenn der Single Ihnen sein eigenes persönlich erlebtes Drama in allen Einzelheiten schildern möchte.

Was klingt wie aus Uromas Buch mit dem Titel »Wie man eine gute Hausfrau wird«, treibt Frauenrechtlerinnen auf die Zinne und Gleichstellungsbeauftragte vor den Antidiskriminierungsrichter. Der Autor glaubt jedoch, dass Sie endlich mal eine gute Beziehung hinkriegen möchten. Also sagen Sie es nicht weiter, sondern halten Sie sich einfach daran.

---

[*] *»Wie Männer ticken« (als Buch oder Hörbuch), »Wie Frauen ticken« oder gleich den Sammelband »Wie Männer und Frauen ticken«, alle erschienen beim Schwarzkopf & Schwarzkopf Verlag.*

[**] *Auf Skype können Sie den Single sehen und mit ihm sprechen, sofern Sie beide entsprechend vernetzt sind.*

Kann man ihn getrost über seine Exbeziehungen ausfragen?

Wenn Sie ihn so schnell wie möglich wieder loswerden möchten, dann machen Sie das doch einfach. Keine Scheu! Bohren Sie in seiner Vergangenheit herum, auch wenn er schon bis über beide Ohren rot wird und nur noch stottert! Das kommt gut, das mögen die Männer. Ertappen Sie ihn bei Widersprüchen und weisen Sie ihn darauf hin, dass er nicht zu lügen braucht. Vergleichen Sie das, was er Ihnen heute erzählt, mit seinen Schilderungen von letzter Woche, und drehen Sie ihm aus jedem kleinsten Widerspruch einen Strick.

Und vor allem: Vergessen Sie nicht, all das, was er von seinen Exbeziehungen preisgibt, umgehend auf sich selbst zu beziehen (Frauen lächeln an dieser Stelle. Sie wissen schließlich, »wie Frauen ticken«). Seine Ex war zickig? Ha! Wahrscheinlich hält er SIE für ein zahmes Heimchen am Herd! Seine Ex hat ihn betrogen? Ha! Warum denn? Wahrscheinlich wusste sie etwas über ihn, das SIE noch nicht erahnen können! Er hat seine Ex verlassen, weil sie zu sehr geklammert hat? Ha! Wahrscheinlich wird er SIE auch verlassen, weil er einfach keine Nähe erträgt!

Und die Vorteile erst, die seine Exbeziehungen hatten. Verhören Sie ihn immer weiter, bis er leichtsinnig wird und zu schwärmen anfängt. Setzen Sie ihn dabei auch noch unter Alkohol, so dass seine verbale Hemmschwelle auf Bodenhöhe sinkt. Jetzt werden Sie endlich erfahren, was er bei Ihnen vermisst. Worauf er wirklich steht, also in seinen Träumen. Und wenn er dann alles ausgekotzt hat, machen Sie ihm natürlich eine Szene. Und am nächsten Tag machen Sie ihm noch eine. Und in einem Jahr kommen

Sie zum 365. Mal auf dieses aufschlussreiche Gespräch zurück. Das kommt gut. Das macht Männern so richtig viel Spaß.

Die in den vorigen Absätzen enthaltene leichte Ironie dürfte Ihnen (feinfühlig, wie Sie nun einmal sind) nicht ganz verborgen geblieben sein. Soeben geschildert wurden die klassischen Fehler, die Frauen bei diesem Thema zu machen pflegen. Es gibt tatsächlich keinen einfacheren Weg, einen Mann zu vergraulen.

Dass Sie gerne etwas über die Frauen wissen möchten, mit denen er bisher sein Leben verbracht hat, ist verständlich und normal. Sie müssen sich deswegen nicht schämen. Insgeheim möchte der männliche Single auch gern wissen, was mit Ihren Exbeziehungen war. Aber es ist erstaunlich, wie wenig Feingefühl die meisten Frauen bei diesem sensiblen Thema an den Tag legen. Sie machen aus einem harmlosen Gespräch ein Verhör, finden einfach kein Ende und vor allem: Sie legen grundsätzlich alles, was der Mann sagt, gegen ihn aus. Egal, ob er »immer noch leidet«, ein »verdächtiges Glänzen in den Augen hat«, »alles verklärt« oder »nie etwas preisgeben« will, ob er verlassen hat oder verlassen wurde, ob ein total objektiv urteilender Mensch (also Sie) ihm oder der Ex die Schuld am Scheitern geben würde: Der Mann hat in solchen Gesprächen keine Chance.

Wenn Sie es nicht schaffen, hauptsächlich zuzuhören und wenig nachzubohren. Wenn Sie Ihr aufkeimendes Misstrauen gegen ihn einfach nicht unterdrücken können. Wenn Sie sich nicht mit dem zufriedengeben möchten, was er Ihnen freiwillig erzählt. Wenn Sie immer das Gefühl haben, dass er Ihnen etwas verschweigt. Und wenn Sie sich nicht dagegen wehren können, dass Sie zwanghaft immer alles auf sich selbst beziehen müssen: Dann sollten Sie keinesfalls nach seinen Exbeziehungen fragen. Es gibt nur Stress.

Wie sehr muss man sich für seinen Job interessieren?

Vielleicht geraten Sie an einen Single, der gar nicht gern über seinen Job spricht. Das bedeutet aber nicht, dass er Sie für keine gute Gesprächspartnerin hält oder etwas vor Ihnen zu verheimlichen hat. Er ist es wahrscheinlich ganz einfach nicht gewöhnt, dass sich jemand für seinen Job interessiert. Oder der Job ist ihm so egal, dass er nach Feierabend am liebsten gar nicht mehr daran erinnert werden möchte.

Beim Thema »Der männliche Single und sein Job« dürfen Sie – anders als in der vorigen Frage, als es um den Single und seine Exbeziehungen ging – durchaus Gas geben und immer wieder nachfragen, also eigentlich täglich. Locken Sie ihn nach und nach aus der Reserve. Fragen Sie nach, was wie funktioniert, mit wem er arbeitet, was das für Leute sind und wie er sich mit denen versteht.

Googeln Sie seine Branche, machen Sie sich selber schlau und stellen Sie ihm alle Fragen, die Ihnen dabei einfallen. Es ist noch kein männlicher Single aus einer soeben beginnenden und noch sehr fragilen Beziehung wieder ausgestiegen, weil sich die Frau zu intensiv für seinen Job interessiert hätte. Es gibt aber viele männliche Singles, die – erst einmal aus der Reserve gelockt – plötzlich ihre natürliche Sprechbarriere aufgeben und wie ein Wasserfall von ihrem Beruf zu erzählen beginnen. Und sagen Sie nicht, dass der Beruf des Singles einfach kein längeres Gespräch hergibt! Auch wer – sagen wir mal – den ganzen Tag über am Fließband steht und immer wieder dieselbe Stanze bedient, hat ein bestimmtes Know-how (zum Beispiel über die Stanze als solche) und kann Sie in die Geheimnisse der Hydraulik einweihen. Das Internet gibt jede Menge Interessantes über neue Müllfahrzeuge her, falls der Single bei der Stadtreinigung angestellt ist. Außerdem gibt es doch seine Kollegen, für die Sie sich ebenso interessieren dürfen.

Wichtig ist nur, dass Sie stets große erstaunte Augen machen und hin und wieder bewundernde Zwischenrufe einstreuen: »Tatsächlich?«, »Was du nicht sagst!«, »… und das schaffst du alles allein?«, »Wusste ich gar nicht« und »Erzähl mehr davon« sind die häufigsten von klugen Frauen benutzten Einwürfe und passen eigentlich immer.

Am schönsten wäre es natürlich, wenn Sie die Überschrift gern anders hätten: Nicht »Wie sehr *muss* …«, sondern »Wie sehr *darf* man sich für seinen Job interessieren?«.

Wann darf man eigentlich Ansprüche anmelden?

Viele Frauen, die an und für sich recht erwachsen und intelligent sind und die garantiert schon einige Beziehungen hinter sich haben, missachten beim männlichen Single die einfachsten Regeln. Sie verbringen einen schönen Abend oder gar eine ganze Nacht mit ihm und tun hinterher so, als wären sie schon jahrelang mit ihm zusammen. Sie maulen, wenn er keine Zeit für sie hat. Sie fragen eifersüchtig, was er denn sonst zu tun gedenkt und ob er sich vielleicht mit einer anderen Frau trifft. Sie zeigen dem Single, dass sie am liebsten immer mit ihm zusammen wären. Sie fangen an, ihn zu erziehen, und sagen ihm, was ihnen nicht so gut gefällt. Kurzum, sie sind verliebt und benehmen sich auch so.

Der männliche Single hingegen hat vielleicht eventuell Lust auf eine Wiederholung dieser schönen Nacht, aber er hat garantiert noch keine Lust auf eine neue Beziehung. Er möchte jetzt noch keine Ansprüche erfüllen. Er möchte ein anspruchsloses, oberflächliches Bettverhältnis, aus dem später ja immer noch mehr werden kann. In dem Moment, wo die Frau Ansprüche stellt, zieht er sich zurück. Ja, er verschwindet sogar ganz von der Bildfläche. 90 Prozent aller Frauen, die sich verwundert die verweinten Augen reiben, weil wieder einmal eine anfangs so schöne Beziehung im Sande verlaufen ist und sie offenbar »wieder einmal an den Falschen geraten« sind, haben zu früh zu viele Ansprüche gestellt. Diese These ist die Quintessenz aus vielen Interviews zu diesem Thema – mit Männern *und* mit Frauen.

Wenn es um Ansprüche geht, dann gilt die Regel: Wer sich zuerst bewegt, der hat verloren. Stellen Sie weder früh noch spät Ansprüche an den männlichen Single. Lassen Sie ihn einfach in

Ruhe. Haben Sie stets weniger Zeit für ihn als er für Sie. Sagen Sie zweimal ab und treffen sich erst dann wieder mit ihm.

Wahren Sie Distanz zum Single. Gehen Sie mit anderen aus, und wenn es nur Ihre besten Freundinnen sind. Nehmen Sie ihn nicht gleich überallhin mit. Machen Sie sich rar. Machen Sie ihn eifersüchtig. Zeigen Sie immer etwas weniger Gefühl als er. Bewahren Sie Ihre Selbstständigkeit. Lassen Sie ihn wissen, dass Sie auch ohne ihn können. Geben Sie ihm noch keinen Kosenamen. Schicken Sie keine SMS. Quatschen Sie nicht seinen Anrufbeantworter voll. Hüten Sie sich vor Mails. Lassen Sie seine unbeantwortet und antworten erst einmal nur auf jede zweite Mail (und auch dann stets kürzer als er). Lassen Sie ihn befürchten, dass Sie ihn vielleicht nur als Sexobjekt missbrauchen möchten (das dürfen Sie natürlich nicht so deutlich sagen). Der männliche Single wird Ihnen zu Füßen liegen, wenn Sie sich an diese Regeln halten. Er ist Wachs in Ihren Händen. Und dann, so nach einigen Monaten, wenn Sie beide tatsächlich ein Paar sind, dann können Sie auch Ihre Ansprüche geltend machen. Dass er dann bei Ihnen bleibt, ist allerdings nicht sicher: Kann gut sein, dass Sie besser noch ein paar Monate länger mit Ihren Ansprüchen gewartet hätten.

Was mögen das denn eigentlich für »Ansprüche« sein, die eine Frau an einen männlichen Single stellt? Da ist zunächst einmal zu erwähnen, dass die meisten Frauen gern mehr Zeit mit ihm verbringen möchten. Zweitens möchten sie, dass er mehr mit ihnen spricht. Dass er sich öffnet und seine Gefühle preisgibt. Drittens möchten sie, dass er sich für sie ändert, also seine schlechten Gewohnheiten ablegt oder seinen schlechten Umgang nicht mehr so oft trifft (Kumpels). Sie möchten viertens, dass er sich modischer kleidet und seine alten Klamotten entsorgt; hier muss man unbedingt auch seine Frisur erwähnen. Fünftens geht es dann um seine Single-Wohnung, die den meisten Frauen nicht gefällt. Punkt sechs ist meistens seine Lebensweise (falsche Ernährung, zu viel Alkohol, zu viele Zigaretten usw.). Was Frauen aber sehr oft als vollkommen legitim betrachten (»Es ist doch nur zu seinem Besten«, sagen sie dann), wird vom männlichen Single leider als unwillkommene Einmischung in sein Leben missverstanden. Schon beneidet er seinen Kumpel, der sich nicht auf eine Beziehung eingelassen hat. Und von da ist es nur noch ein kleiner Schritt, bis er selber wieder die Kurve kratzt. Und Sie alleine lässt.

Noch mal in Kurzform, so dass Sie es auf kleine gelbe Zettel schreiben und an den Badezimmerspiegel kleben können: Nicht mehr Zeit verlangen. Nicht drängen, dass er sprechen soll. Nicht über seine Kumpels meckern. Niemals seinen Lifestyle ändern wollen. Finger weg von seiner Wohnung. Sie sind außerdem nicht sein Arzt. Mit diesen schlichen Regeln sollten Sie die erste Zeit mit dem männlichen Single ganz gut überstehen können!

49. Frage

Sollte man ihm sein Hobby lassen?

Allein die Frage ist doch schon pervers. Mit welchem Recht mischen Sie sich in das Hobby des männlichen Singles ein? Sind Sie denn seine Mutter? Möchten Sie das sein? Wenn Ihre beste Freundin einen Single kennenlernt und Ihnen erzählen würde, dass sie ihm erst mal sein Hobby ausgetrieben hat, dann würden Sie als total objektive dritte Person nicht mehr darauf wetten wollen, dass diese zarte Liaison die Zeit bis zum nächsten Anruf Ihrer Freundin übersteht. Sondern Sie würden sich gedanklich bereits darauf einstellen, dass Ihre allerliebste Freundin wieder einmal von Ihnen getröstet werden muss. Trotzdem ist es denkbar, dass auch Sie in diese Situation geraten, darum lesen Sie das intensiv und langsam.

Meistens passiert es dann, wenn der männliche Single ein total partnerschaftsinkompatibles Hobby hat, das nicht nur sein ganzes Geld, sondern (was schlimmer ist) auch seine ganze Zeit auffrisst und ihn obendrein auch noch unleidlich oder sogar krank macht. Das Hobby stellt sich also als echter Beziehungskiller heraus.

Vielleicht ist er dem Hobby sogar hörig und stellt seine Beziehung zu Ihnen ganz klar auf Platz zwei (hinter dem Hobby), so dass sich über kurz oder lang die Frage stellt: das Hobby oder ich? Dann kann es schon passieren, dass Sie ihn am liebsten vor genau diese Wahl stellen möchten, und dann ist es gar nicht mehr pervers, sondern für Sie vielleicht sogar ein verzweifelter Akt des Überlebens.

Nehmen wir einmal an, der männliche Single ist leidenschaftlicher Fußballfan und seine Mutter heißt Hertha BSC oder Hannover 96. Er reist seinem Verein zu jedem Auswärtsspiel hinterher (bei den Heimspielen ist er ja sowieso in der Fankurve). Wenn Saison ist, können Sie ihn also jeden zweiten Sonnabend oder Sonntag für circa sieben Stunden (mit An- und Abfahrt, dem Spiel und der Fankneipe danach) abschreiben, aber das sind nur die Heimspiele: Die Wochenenden dazwischen sind Auswärtsspiele, und da sehen Sie ihn überhaupt nicht. Da Hertha BSC oder Hannover 96 regelmäßig verlieren[*], schlägt ihm das mehr oder weniger erfolglose Gekicke natürlich aufs Gemüt, so dass Sie nach seiner Rückkehr in Ihre Arme einen total unleidlichen und zutiefst depressiven männlichen Single ertragen müssen. Männer pflegen aufkeimende Depressionen vorzugsweise in Flaschenbier zu ertränken, so dass Sie sich ernsthafte Sorgen um den Zustand seiner Leber machen müssen. Und seinem ehemaligen Sixpack ist die Sauferei auch nicht gerade zuträglich. Sein Hobby hat also mehrere schwerwiegende Nachteile: Erstens ist er ständig unterwegs, zweitens stets schlecht gelaunt und drittens säuft er zu viel. Wer wird es Ihnen da verübeln wollen, wenn Sie immer näher an die Grundsatzfrage herandriften: entweder dein Hobby – oder ich?

Es tut beinahe weh, das aufzuschreiben, aber es ist leider so: Sie haben ihn als Kind von Hertha oder Hannover kennengelernt, und Sie müssen damit leben. Keinesfalls dürfen Sie ihm sein Hobby abspenstig machen, wenn Ihnen etwas an ihm liegt. Denn im Zweifelsfall wird sich der männliche Single immer *für* sein Hobby und *gegen* Sie entscheiden. Und selbst wenn er scheinbar Besserung verspricht, sammeln Sie bereits in diesem Moment reichlich Abzugspunkte. Sie können einen erwachsenen männlichen Single grundsätzlich nicht mehr ändern. Also fragen Sie lieber vorher, ob er Hertha-, Hannover- oder von sonst was Fan ist, und entscheiden Sie sich dann erst für oder gegen ihn.

---

[*] *Zumindest ist das so, während dieses Buch entsteht. Kann sich ja alles noch zum Guten wenden.*

Darf man maulen, wenn er sich mit seiner Ex trifft?

Das muss ein seltsamer Single sein, der was mit Ihnen anfängt und sich zwischendurch immer mal wieder mit seiner Ex trifft. So richtig klare Vorstellungen von dem, was er eigentlich will, scheint er nicht zu haben. Und vermutlich spricht er auch noch mit seiner Ex über Sie. Maulen ist erlaubt. Die Frage ist aber, ob Maulen auch klug wäre.

Wir kommen darauf zurück; zunächst aber muss erörtert werden, warum er sich denn noch mit seiner Ex trifft. Es gibt sechs Gründe, die von Betroffenen am häufigsten genannt werden. Wir vergeben Schulnoten: 1 = Er darf sich auf jeden Fall mit seiner Ex treffen. 6 = Das geht gar nicht, brechen Sie sofort jeden Kontakt ab!

Er trifft sich mit seiner Ex, weil …

a) … die beiden angeblich »immer noch gute Freunde sind«: Note 3–4

b) … er noch keine richtige Gelegenheit hatte, ihr von seiner neuen Liebe zu erzählen: Note 5

c) … die beiden ein gemeinsames Kind haben: Note 1

d) … die beiden geschäftlich miteinander zu tun haben: Note 2

e) … er sich noch nicht entscheiden kann: Note 6

f) … die Ex für einen klaren Schnitt einfach zu sensibel ist: Note 5

Doch nun zu der Frage, ob Maulen auch klug wäre. Merke: Maulen macht hässlich. Und hässliche Frauen mag der Mann nicht. Maulen ändert auch nichts. Entweder trifft er sich künftig nur noch heimlich mit seiner Ex, damit Sie nichts mehr zum Maulen haben, oder er trifft sich mit seiner Ex, weil er sich dann Ihr Gemaule nicht mehr anhören muss. Maulen ist also auf jeden Fall die schlechteste aller Alternativen und lässt seine Ex fies grinsen (wahrscheinlich hängt sie ja immer noch an ihm): »Siehste, deine Neue, die mault schon wieder. Was willste denn mit der?«

Eine Möglichkeit wäre, dass Sie sich immer dann mit *Ihrem* Ex treffen, wenn er sich mit seiner Ex trifft. Das ist aber nicht empfehlenswert. Schon bald wird einer von Ihnen – entweder er oder Sie – feststellen, dass es mit dem/der Ex doch nicht so schlecht gewesen ist. Sie bewegen sich da auf recht dünnem Eis. Obendrein kann es passieren, dass Sie zwar eifersüchtig auf seine Ex sind, er aber keineswegs eifersüchtig auf Ihren Ex ist, so dass Sie sich total umsonst mit diesem Volldeppen treffen, der doch nur als Mittel zum Zweck dienen sollte.

Eine zweite Möglichkeit ist, dass Sie sich immer dann mit Ihren besten Freundinnen treffen, wenn er sich mit seiner Ex trifft. Das ist sehr empfehlenswert. Sie könnten dabei theoretisch jede Menge andere Männer kennenlernen, was ihn bei entsprechenden Andeutungen mit Sicherheit nervös machen wird. Ihre Freundinnen können Ihnen wunderbar zu der entsprechenden Legende verhelfen, indem sie im richtigen Moment ganz zufällig eine passende Bemerkung machen (»Weißt du noch, wie dieser tolle Typ dich letzten Mittwoch in der Bar angeflirtet hat? Das hätte mir mal passieren sollen …« oder so ähnlich; der Fantasie sind da keine Grenzen gesetzt).

Eine dritte Möglichkeit ist, dass Sie mit dem Single Klartext reden, und zwar ohne zu maulen. »Klartext« bedeutet jedoch nicht, dass Sie die große Keule herausholen nach dem Motto »die oder ich«. Sondern »Klartext« bedeutet, dass Sie klare Aussagen erwarten und darauf ebenso klar reagieren. Hier ist es nun sehr hilfreich, wenn Sie die Aussprache nicht an einem einzigen Abend bis zu Ende führen möchten, sondern in Etappen vorgehen. Im Folgenden ein Beispiel:

Erster Abend. Ihre Ansage ist: »Es stört mich, dass du dich mit deiner Ex triffst. Aber ich möchte gern verstehen, warum es dir wichtig ist. Bitte erkläre es mir.« (Er erklärt.) Sie: »Okay. Ende der Diskussion. Ich denke darüber nach und sage dir morgen Abend, was ich davon halte.«

Zweiter Abend. Erste Möglichkeit: Sie haben verstanden. Dann sagen Sie ihm das und lassen ihn künftig in Ruhe (ohne zu maulen). Zweite Möglichkeit: Seine Erklärung hat Ihnen nicht gereicht. Dann geben Sie ihm ohne größere Diskussion eine zweite Chance. »Denk noch mal darüber nach und sage mir morgen Abend, wie du dich entscheidest.« Ende der Diskussion.

Dritter Abend. Erste Möglichkeit: Er hat sich in Ihrem Sinne entschieden. Dann ist das Problem gelöst. Zweite Möglichkeit: Er eiert herum. Dann geben Sie ihm ohne größere Diskussion den Laufpass und melden sich bitte nicht mehr bei ihm. Er wird vermutlich schon bald zur Besinnung kommen.

Und wenn nicht? Dann ist eine sehr tragisch verlaufende, von Kummer und Tränen geprägte Dreierbeziehung zum Glück an Ihnen vorbeigegangen. Und das – ist doch nun wirklich kein Grund zum Maulen, sondern ein Grund zum Feiern.

51. Frage

Was, wenn er irgendwo noch Kinder hat?

Das ist doch schön! Singles mit Kindern haben jedenfalls schon mal etwas Bleibendes geschaffen. Außerdem haben sie gelernt, Verantwortung zu übernehmen, auch wenn sie sich dann davongeschlichen haben (aber daran müssen sie ja nicht alleine schuld gewesen sein). Hier weitere Vorteile, wenn Sie einen männlichen Single mit Kind(ern) kennenlernen:

Zwangsweise ist er ein soziales Wesen, hat also Kontakte (das ist bei männlichen Singles durchaus nicht selbstverständlich). Er bleibt auf dem Teppich (die finanzielle Not zwingt ihn dazu). Er möchte wahrscheinlich noch ein Kind (im optimalen Fall mit Ihnen). Hin und wieder ist er weg, und Sie wissen, wo er steckt (Besuchstag). Er möchte Vorbild sein oder kann das Wort wenigstens buchstabieren (das wird sich auch auf Ihre Beziehung positiv auswirken). Er weiß schon, was Familie ist (das muss man vielen männlichen Singles sonst erst mühsam eintrichtern). Irgendwann haben Sie ein Patchwork-Kind, ohne selbst eins kriegen zu müssen (für viele Frauen eine angenehme Vorstellung).

Hier nun die Nachteile: Sie werden ihn auch nach Jahren noch mit seiner Ex teilen müssen, weil die beiden ein gemeinsames Kind haben. Sie werden sich zwar gelegentlich oder sogar regelmäßig um das Kind kümmern, aber es wird Sie deshalb noch lange nicht akzeptieren. Die Kohle wird abfließen, als wenn sein Gehaltseimer ein Loch hätte (zumal, wenn das Kind studieren möchte). Wenn Sie mit ihm irgendwann ein eigenes Kind haben, wird es vielleicht für Sie das erste sein, aber nicht für ihn (das drängt Sie automatisch in die Rolle der blutigen Anfängerin und verschafft ihm Platzvortreil nach dem Motto »Kenne ich alles schon von damals«). Außerdem werden Sie die Erziehungsmethoden seiner Ex für total daneben halten, aber erstens können Sie nicht viel dagegen machen, und zweitens wird ER Sie bei diesem Thema nicht ausdrücklich unterstützen (weil er mit beiden Frauen – nämlich mit der Ex *und* mit Ihnen – einigermaßen gut auskommen möchte). Insgesamt jedoch überwiegen die Vorteile: Männliche Singles, die aus früheren Beziehungen ein Kind oder mehrere haben, sind eigentlich die besseren Partner.

Nun sollen Sie sein Kind kennenlernen. Es ist das erste Mal. Wie Sie sich nun verhalten sollten, daraus könnte man ein eigenes Buch machen. In wenigen Sätzen kann man das nicht ausdrücken, denn die richtige Antwort hat mit vielen verschiedenen Details zu tun: Wie alt ist das Kind? Wie gut oder wie schlecht ist das Verhältnis zwischen Vater und Mutter? Wie ist das Kind drauf? Ist es cool oder gestört? Hetzt einer der beiden Elternteile gegen den anderen? Kennen Sie die Kindesmutter schon? Hassen Sie sich, oder mögen Sie sich? Weiß die Kindesmutter überhaupt, dass Sie bei diesem Treffen dabei sind? Und ist sie damit einverstanden?

Trotzdem gibt es eine Grundregel. Am wenigsten machen Sie verkehrt, wenn Sie sich beim ersten Treffen möglichst zurückhalten. Das Kind muss auf Sie zukommen, nicht umgekehrt. Der Single und sein Kind sind die Hauptpersonen an diesem Tag, und Sie spielen eine Nebenrolle. Sie dürfen das Kind weder kritisieren noch zu erziehen versuchen. Aber wenn das Kind Ihnen etwas erzählt, dann hören Sie genau zu. Nehmen Sie das Kind ernst. Und nehmen Sie den Single nicht in den Arm, solange das Kind dabei ist.

6. Kapitel

Die Single-Frau
(dieses Kapitel ist natürlich nur für Männer gedacht)

Soll man gleich von Anfang an
den Macho raushängen lassen?

Das ist ziemlich egal. Sie können das machen, wenn Sie es wollen, oder Sie können es lassen. Es spielt einfach keine Rolle. Nehmen Sie Abschied von der Idee, dass Sie als Mann die Frau irgendwie beeinflussen oder beeindrucken könnten. Falsch. Ganz falsch.

Noch bevor die Single-Frau mit Ihnen auch nur ein einziges Wort gewechselt hat, ist für sie schon alles klar. Entweder stimmt die Chemie, oder sie stimmt nicht. Das hat nichts mit Ihrem Aussehen zu tun und auch nur wenig mit der Rolle, die Sie spielen möchten, sondern mit Intuition.

In diesem Punkt sind Single-Frauen total anders als Single-Männer. Deshalb fällt es den meisten Jungs auch so schwer, sich in Single-Frauen hineinzuversetzen. Sie als Mann lassen den Macho raushängen, und sie denkt nur ganz cool: Ach so, er macht auf blöden Macho. Na ja, das werde ich ihm schon noch abgewöhnen. So denkt sie, wenn Sie ihr ins Konzept passen. Ist es aber anders, also will sie nix von Ihnen, dann ist es ebenfalls egal, ob Sie den Macho raushängen lassen. Dann wird es nämlich sowieso nichts mit Ihnen beiden.

Die meisten Männer denken viel zu kompliziert, wenn sie eine Single-Frau kennenlernen. Wie wirke ich wohl auf sie, was soll ich sagen, welches Kompliment wäre angebracht, was darf ich keinesfalls machen, wie bewege ich mich, wo gucke ich hin, wann flirte ich sie an usw. – alles totaler Käse. Eine Frau sieht einen Mann und weiß: Mit dem – ja. Oder: Mit dem – never. Ab sofort können Sie sich entspannen und einfach der sein, der Sie sind. Spielen Sie keine Rolle mehr. Geben Sie sich nicht einmal besonders viel Mühe, um die Single-Frau zu beeindrucken. Bleiben Sie ganz locker und warten Sie ab, was passiert. Wenn Sie also gerne einen auf Macho machen, dann tun Sie das. Die Single-Frau lässt sich davon weder abschrecken noch beeindrucken.

Ist es besser, wenn man auf »Frauenversteher« macht?

Diese Frage ist schon viel intelligenter als die vorige. »Frauenversteher«: Das Wort hat zwar einen ironisch-negativen Beigeschmack, aber was bedeutet es denn?

Es bedeutet doch zunächst einmal, dass man einer Frau zuhört und auf sie eingeht. Und das ist niemals verkehrt. Einer Single-Frau zuzuhören hat mehrere Vorteile. Zunächst einmal müssen Sie als Mann nicht selber reden, was Ihnen vermutlich ganz gut gefällt, denn welcher Mann redet schon gern. Außerdem erfahren Sie eine Menge über die Single-Frau, wenn Sie ihr zuhören. Das ist doch schön. Hat sie ein bisschen was getrunken, erzählt sie sogar mehr, als sie eigentlich will. Und das ist auch nicht schlecht.

Der beste Tipp, wie man mit einer Single-Frau umgehen sollte, ist dieser: Solange Sie mit ihr reden bzw. ihr zuhören, konzentrieren Sie sich voll auf diese Frau. So, als würde sich für diese wenigen Minuten eine unsichtbare riesige Käseglocke über Sie beide stülpen. Wenden Sie sich der Frau vollständig zu, schauen Sie nirgendwo anders hin, suchen Sie ihren Blick, halten Sie ihn fest, neigen Sie sich leicht nach vorn, öffnen Sie Ihre Ohren, fragen Sie nach, tun Sie interessiert, merken Sie sich alles, lassen Sie sich nicht ablenken – es gibt auf der ganzen Welt in diesem Moment nur zwei: die Single-Frau und Sie. »Frauenversteher«: Oft wird das missverstanden, als wenn Sie ein Weichei wären. Nein! Ganz falsch! Die größten Verführer der Welt waren allesamt begnadete »Frauenversteher« und deshalb noch lange keine Weicheier. Denn die Single-Frau will nicht angemacht, sondern verstanden werden. Oder sie möchte wenigstens das Gefühl haben, dass sie von jemandem verstanden wird.

Wichtig sind Ihre Zwischenbemerkungen, während Sie der Single-Frau zuhören. Es ist ja nicht gut denkbar, dass Sie eine halbe Stunde kein Wort sagen und die Single-Frau ununterbrochen spricht, denn wenn sie das täte, wäre sie ja unerträglich. Also, ein gewisser Dialog findet durchaus statt. Sie als Mann können sich mit »hm, hm«, »ach wirklich«, »soso« und »aha« keinesfalls über eine halbe Stunde retten. Dann stehen Sie nämlich hinterher da wie ein Depp.

Der geniale Frauenversteher hört also nicht nur zu, sondern er macht auch die eine oder andere intelligente Zwischenbemerkung. Nun ist es eventuell schwierig für Sie, eine solche intelligente Zwischenbemerkung zu machen, wenn Sie einfach nicht intelligent sind! Woher soll's denn kommen? Es ist also durchaus denkbar, dass Sie eine attraktive Single-Frau treffen (zum Beispiel auf einer Party), mit ihr irgendwie ins Gespräch kommen, ihr auch durchaus aufmerksam zuhören (weil Sie ja dieses Buch gelesen haben) und insgesamt eigentlich alles richtig machen, aber jetzt wissen Sie nicht weiter, denn zu dem, was sie so von sich gibt, fällt Ihnen einfach nichts ein außer »hm, hm«, »ach wirklich«, »soso« und »aha«.

Hier hilft, und das muss man den meisten Männern wirklich in den Schädel hämmern, nur eine gewisse solide Grundbildung. Wenn Sie mit einer Aldi-Kassiererin flirten (Aldi hat sehr interessante Kassiererinnen, das nur nebenbei), dann müssen Sie ein bisschen was von Aldi und der schwierigen wirtschaftlichen Situation auf dem Discounter-Markt wissen. Treffen Sie auf der nächsten Party eine Stewardess, dann gehören die wichtigsten Forderungen des letzten Pilotenstreiks zu Ihrem Grundrepertoire. Ist die Single-Frau Sachbearbeiterin bei der AOK, müssen Sie wenigstens eine Meinung zur Gesundheitsreform haben. Ist die Single-Frau alleinerziehende Mutter, wäre ein wenig Fachkenntnis bezüglich des letzten Kita-Streiks auch nicht schlecht.

Man kann es drehen und wenden, wie man will: Single-Frauen stehen weder auf Machos noch auf Frauenversteher, es ist ihnen vollkommen egal, welche Rolle Sie als Mann spielen – aber sie wollen *verstanden* werden, und sie möchten sich *intelligent unterhalten* können.

Deshalb beginnt Ihr Frauenversteher-Training morgen früh am Kiosk. Sie sollten täglich mindestens eine Boulevard- und eine sogenannte »bürgerliche« Zeitung lesen, und zwar nicht nur den Sportteil. Sondern auch die Politik-Seiten, die mit der Wirtschaft und bitte auch das Feuilleton. Verpassen Sie sich täglich eine Dröhnung Bildung. Sie werden alles brauchen, was in Ihren Schädel reinpasst. Spätestens auf der nächsten Party, wenn Sie mit einer Aldi-Kassiererin flirten möchten.

Manch ein Mann sagt genau an dieser Stelle: So einen Quatsch habe ich ja noch nie gelesen. Frauen stehen auf einen Sixpack-Bauch, auf geile Anmache, auf einen Knackarsch, auf Kohle, auf Sportwagen und all so was. Haste was, biste was. Aber das ist nicht so. Ein Mann kann fett sein oder spindeldürr, er kann einen winzigen Penis haben, seine Brillengläser können so dick sein wie ein Fernglas, er kann humpeln wie Dr. House und aussehen wie Quasimodo, das interessiert die Single-Frauen gar nicht. Er muss ihnen zuhören können, und sie müssen sich mit ihm unterhalten können. Er sollte sie auch noch zum Lachen bringen können. Das ist wichtig. Frauen sind längst nicht so oberflächlich, wie die meisten Männer glauben.

Wie kriegt man ihre fürchterlichen Freundinnen in den Griff?

Freundinnen? Meinen Sie diese schrecklichen und meistens auch noch unansehnlichen Wesen mit dem giftigen Blick, die jede Frau umschwirren und die nichts weiter im Sinn haben, als Sie (also den Mann) schlechtzureden? Jene geschwätzigen, krankhaft neugierigen und neunmalklugen Einflüsterinnen, die der Frau wie unheimliche Geister zuwispern, dass sie was Besseres als Sie verdient hat?*

Wer sich eine Single-Frau angelt, hat niemals nur diesen einen Fisch am Haken. Als Beifang angelt Mann auch einen ganzen Eimer voller Fische mit, die wahrhaft ungenießbar sind und ihn mit hervorquellenden Augen unentwegt anstarren, wobei sie nach immer neuen Gerüchten schnappen wie ein echter Fisch nach Sauerstoff. Hierbei handelt es sich um die besten Freundinnen der Frau.

Es ist unmöglich, sie zu ignorieren (denn sie haben einen erheblichen Einfluss auf die Frau). Es ist unmöglich, sie am Kragen zu packen und unter Androhung von körperlicher Gewalt höflich zu bitten, sich doch aus dieser Beziehung gefälligst herauszuhalten (denn man würde nicht nur die Freundinnen, sondern auch die Frau verlieren). Es ist unmöglich, sie von den eigenen Werten zu überzeugen (denn sie selbst als scheinbar beste Freundinnen wären nicht mehr vonnöten, wenn es der Frau richtig gut ginge, und deshalb werden sie weiterhin in jeder Suppe ein Haar finden).

---

* *Wir sind hier zum Glück unter uns, denn das 6. Kapitel ist ja ausdrücklich nur für Männer ...*

Das Schlimmste aber ist: Die Single-Frau teilt mit ihnen jedes noch so intime Geheimnis, denn sie ist gutgläubig und vielleicht sogar etwas naiv, und sie ahnt nichts von den fiesen Machenschaften dieser krakeelenden Hofschranzen, die jedes ihnen unter dem Siegel der Verschwiegenheit anvertraute Geheimnis sofort unter einem weiteren Siegel der Verschwiegenheit an diejenige allerbeste Freundin weitertratschen müssen, von der sie ganz genau wissen, dass sie kein einziges Geheimnis für sich behalten kann.

Die besten Freundinnen einer Single-Frau sind an jedem erotischen Detail höchst interessiert, das sie der Single-Frau entlocken können. Sie als Mann müssen deshalb leider davon ausgehen, dass die besten Freundinnen all das erfahren, was eigentlich nur die Frau wissen darf.

Hatten Sie gestern etwa schon wieder mal keine Lust auf Sex? Oder haben Sie Ihre guten Manieren vergessen und nur mal schnell rein-raus gemacht, ohne auf den Orgasmus Ihrer Partnerin zu achten? Wie sind Sie überhaupt gebaut: Haben Sie einen großen oder eher einen kleinen …? Hat er vielleicht einen Knick? Haben Sie ein Muttermal am Hodensack? Gibt es einen Porno in Ihrem DVD-Regal? Sie möchten vieles davon selber nicht unbedingt wissen, aber die besten Freundinnen der Single-Frau tratschen längst darüber. Wie also kriegt man die in den Griff?

Sie müssen nur diesen Ratschlag befolgen: Suchen Sie sich die am wenigsten Unattraktive davon heraus und flirten Sie mit ihr. Und zwar immer dann, wenn die Single-Frau nicht dabei ist. Zum Beispiel auf einer Party in Ihrer Küche. Bringen Sie diese noch am wenigsten Unerträgliche zum Lachen und machen Sie ihr hübsche Komplimente.

Erwecken Sie den Eindruck, dass Sie niemals mit der Single-Frau zusammengekommen wären, wenn Sie vorher diese Freundin kennengelernt hätten. Verraten Sie dieser Freundin ein peinliches Geheimnis der Single-Frau – eben noch geheim genug, um für die beste Freundin hochinteressant zu sein, aber andererseits harmlos genug, um der Single-Frau nicht wirklich zu schaden.

Machen Sie sich diese Freundin zur Komplizin. Fragen Sie diese um Rat, wenn es ein Problem mit der Single-Frau gibt. Sie können sicher sein, dass die beste Freundin künftig als Doppelagentin für die Single-Frau – und für Sie tätig sein wird. Und was für leckere Gerüchte Sie auf diesem Kanal streuen können, das malen Sie sich jetzt bitte mal selber aus.

Was für einen Kerl will so eine Single-Frau eigentlich?

Männer sind Entweder-oder-Typen. Frauen sind Sowohl-als-auch-Typen. Das macht das gegenseitige Verstehen schwierig. Einerseits wünscht sich die Single-Frau einen Kerl, mit dem sie ganz viel reden kann. Andererseits wünscht sie sich keinesfalls einen Schwätzer. Einerseits wünscht sie sich einen Mann, bei dem sie sich anlehnen kann. Andererseits wünscht sie sich keinesfalls einen Macho. Einerseits wünscht sie sich einen guten Vater für ihre Kinder. Andererseits wünscht sie sich aber keinesfalls ein Weichei, das mit einem lila Halstuch auf dem Spielplatz hockt. Einerseits wünscht sie sich einen Partner, der sehr viel Zeit für sie hat. Andererseits möchte sie aber keinen Partner, der ihr ständig auf der Pelle sitzt. Einerseits möchte sie einen Mann, der Karriere macht und Geld nach Hause bringt. Andererseits möchte sie aber keinen, der mit seiner Firma verheiratet ist. Einerseits möchte sie einen Mann, der weiß, was er will. Andererseits möchte sie einen haben, den sie ein bisschen formen kann. Wie soll sich ein Mann da noch zurecht finden?!

Weil es so kompliziert ist mit den Single-Frauen, sollte man sich die Frage aus der Überschrift am besten gar nicht stellen. Man sollte einfach so bleiben, wie man ist, und sich keinesfalls verbiegen oder so tun, als wäre man ein anderer.[*] Entweder mag sie einen Mann – oder sie lehnt ihn ab. Das entscheidet sich meistens schon nach wenigen Sekunden. Und es kann gut sein, dass sie sich in einen ganz anderen Typ Mann verliebt, als sie es eigentlich geplant hatte!

---

[*] *Siehe 52. Frage*

Wie wichtig ist Geld für die Single-Frau?

Man müsste mal ein Mikrofon auf der Damentoilette eines angesagten Restaurants verstecken und die Gespräche von sogenannten besten Freundinnen vorm Spiegel mitschneiden. Das ist schon ziemlich hart.

Da wird eiskalt diskutiert, wer von den Männern da draußen wohl die meiste Kohle hat, wen man sich schnappen sollte und wer kein lohnendes Objekt ist. Wenn man danach geht, ist Geld für Single-Frauen sehr, sehr wichtig. Aber das ist zum Glück nur ein Aspekt. Es gibt noch mehr.

Wenn alles stimmt, also: Der Mann ist einfühlsam, zärtlich, verständnisvoll, gut aussehend, treu, männlich und trotzdem bescheiden, dann ist die Sache mit dem Geld den meisten Single-Frauen ziemlich gleichgültig. Sie brauchen heute keinen Versorger mehr.

Trotzdem steckt in jeder Single-Frau das uralte Schema drin: Ich möchte mich sozial nach oben orientieren. Ich möchte in »bessere Kreise« hinein. Mein Mann soll etwas darstellen. All diese alten Klischees sind noch da, auch wenn sie von den meisten Frauen geleugnet werden. Sie sind darauf programmiert, sich einen geeigneten Versorger für ihren Nachwuchs auszusuchen. Aber zurück zum versteckten Mikrofon vorm Spiegel auf der Restaurant-Damentoilette!

»Der soll ja Arzt sein.« (Lippenstift.) »Echt?« »Ja, am Krankenhaus. Irgendwas mit Knochen oder so.« (Haare richten.) »Ein Doktor, soso.« »Ja, mit Titel.« (Augenbrauen in Form streichen.) »Hast du gesehen, wie der mich angeguckt hat?« »Klar.« »Und?« »Was und?« (Beide lachen.) Jetzt lacht auch die lesende Frau. Sie weiß genau, was da abgeht!

Nächste Szene. »Geiler Typ, oder?« (Prüfender Blick in den Spiegel.) »Echt geiler Arsch in der Hose.« (Parfum.) »Hat schon gefragt, ob wir uns mal treffen können.« »Aber du weißt schon, was der beruflich macht, oder?« (Handtäschchen öffnen.) »Nee, was denn?« »Der ist bei der Stadtreinigung.« (Haarbürste.) »WO ist der?« »Der fährt ein Müllauto! Weiß ich von Anja.« (Tampon rausholen.) »Ach du Scheiße.« »Ich sag's ja nur, damit du's weißt.« (Kabinentür wird von innen abgeschlossen.)

Noch einer gefällig? »Weißt du, was der so macht, ich meine, beruflich?« (Bluse zurechtzupfen.) »Nee. Ich glaub, der ist bei der Polizei oder so.« (Haarspray.) »Polizei?« »Ja, hat Anja von Lisa gehört.« (Lidschatten prüfen.) »Polizei, soso. Hm. Was denn? Mordkommission nehm ich sofort, Streifenwagen geht gar nicht.« (Einmal vorm Spiegel drehen.) »Ach komm, die kriegen alle gleich wenig Kohle.« »Ja, aber Pension.« (Beide kichern.)

Das ist nicht frei erfunden. Das geht genau so ab. Fragen Sie mal eine Frau, der Sie vertrauen.

57. Frage

Wie kann man eine Single-Frau so richtig überraschen?

Mit allem, was man nicht im Laden kaufen kann (ausschneiden und rahmen, Männer!). Das ist zwar einleuchtend und klingt irgendwie simpel, aber für viele Männer fangen hier die Schwierigkeiten erst richtig an.

Fantasie, Ideenreichtum und Sinn für Romantik sind ja nicht unbedingt typisch männliche Eigenschaften. Hier die Top Ten der beliebtesten Ideen, mit denen Männer eine Single-Frau schon mal erfolgreich überrascht haben (einfach eine davon klauen und nachmachen!).*

Platz 10: Aus brennenden Teelichten ein Herz formen. Wird gern von Jugendlichen gemacht, da sich die Investition im Cent-Bereich bewegt, die Idee trotzdem was hermacht und die ganze Aktion kinderzimmerkompatibel ist.

Platz 9: Für die Single-Frau kochen, den Tisch festlich decken, Rosenblüten oder Ähnliches zwischen die Teller streuen usw. Ein Klassiker mit Nachteilen: Erstens ist fast jede Single-Frau schon mal von einem Mann bekocht worden. Zweitens ist das Risiko, schlechter abzuschneiden als der vorige Koch, nicht zu unterschätzen. Drittens kann das Essen misslingen, und eine zweite Chance bekommt man nicht. Viertens gibt es natürlich Männer, die überhaupt nicht kochen können. Wenn Sie sich trotzdem für diese Idee entscheiden, beachten Sie die folgenden Praxis-

---

* *»Erfolgreich« bedeutet in diesem Zusammenhang: Die Single-Frau war gerührt und hat ihren Freundinnen stolz davon erzählt, oder sie hat sogar vor Glück geweint, oder sie sprach noch Jahre später davon.*

tipps: a) Mindestens einmal probekochen (zum Beispiel für Ihren Kumpel). b) Spaghetti gelingen fast immer. c) Im Zweifel lieber zu scharf würzen als zu lasch. d) Braten mindestens 30 Minuten länger in der Röhre lassen, als im Rezept steht (allerdings werden Sie beim ersten Mal der Single-Frau wohl kaum einen Braten in die Röhre schieben, oder?). e) Lieber drei kleine Gänge, die man gut vorbereiten kann, als einen großen Gang mit Risiko. Und f) Die Tisch-Deko ist unbedingt wichtig und keinesfalls zu unterschätzen (Servietten, Kerzenlicht, und das Besteck immer schön rechtwinklig zur Tischkante).

Platz 8: Rose mit Grußkärtchen unter den Scheibenwischer der Single-Frau klemmen. Das ist okay, setzt sie allerdings möglicherweise dem Gerede der Nachbarschaft aus und könnte deshalb unwillkommen sein!

Platz 7: Der Single-Frau Rosen in die Firma schicken. Diese Überraschung gehört jedoch eigentlich gar nicht unter die Top Ten, weil sie hochriskant ist: Die ganze Firma wird darüber reden, und will sie das wirklich? Außerdem hat sie vielleicht einen Verehrer in der Firma, von dem sie sich beruflich noch etwas erhofft, und überhaupt keine Lust, dem die Sache mit den Rosen zu erklären. Geeignet ist diese Überraschung deshalb nur für Single-Frauen, die ihren kleinen Laden allein betreiben.

Platz 6: Zwei Theaterkarten kaufen, eine behalten und ihr die andere ohne Kommentar ganz altertümlich mit der Post zuschicken. Eine schöne Überraschung, wenn man a) ihren kulturellen Geschmack bereits kennt, sie b) am betreffenden Abend garantiert Zeit haben wird und sie c) für Späße wie diesen überhaupt zu haben ist (sonst verschenkt sie die Karte vielleicht an ihre Mutter oder die greise Nachbarin, wer weiß?).

Platz 5: Ein stehen gebliebenes Wahlplakat am Arbeitsweg der Single-Frau mit einer Überraschungsbotschaft überkleben. Sehr schön, aber bitte nicht mit vollem Nachnamen der Frau.

Platz 4: Die Botschaft im Blickfeld einer öffentlichen Webcam positionieren, die sie garantiert mehrmals pro Woche anklickt (wenn Schnee liegt, kann man ein Herz mit Buchstaben darin formen und die Spur mit Asche oder Rollsplit auffüllen). Nachteil: Das geht natürlich nur dort, wo es Webcams gibt, und bei der Winter-Variante können Neuschnee oder plötzliches Tauwetter Ihnen einen Strich durch die Rechnung machen.

Platz 3: Die Klinke an der Wohnungstür der Single-Frau mit einem gasgefüllten Luftballon in Herzform verschönern. Kann man natürlich machen, ist aber nicht so wirklich kreativ!

Platz 2: Der Single-Frau ein Lied schreiben und es selbst auf CD aufnehmen oder ihr live vorsingen. Das kommt tatsächlich sehr gut an, setzt aber ein Minimum an Musikalität und gewisse Grundkenntnisse an mindestens einem Instrument voraus ...

Platz 1: Immer noch das gute alte Überraschungs-Picknick unter freiem Himmel mit feinsten Leckereien im auf altbritisch gestylten Picknickkoffer, mit edlem Porzellan, gekühltem Champagner und natürlich einer Decke, auf der außer dem Picknick und Ihnen auch noch die Single-Frau Platz haben sollte. Diese Idee können Sie variieren und verfeinern: Manch einer stellt ein komplettes Partyzelt auf eine Waldlichtung und deckt drinnen einen Tisch für zwei, ein dezenter Helfer kann (bevor er sich zurückzieht) drinnen Kerzen anzünden und was nicht noch alles geht, sofern nicht der Förster dazwischenkommt und entweder das Zelt abbaut oder die Platten mit dem kalten Büfett plündert. Wenn es draußen richtig kalt ist, erfreut sich auch die »Eis-Bar« großer Beliebtheit: Aus Schnee wird ein Tresen geformt, Champagner und Gläser werden hineingedrückt, rundherum stecken Fackeln im Schnee, und die Single-Frau kriegt sich gar nicht mehr ein. Das Überraschungs-Picknick hält übrigens auch auf der Top-Ten-Liste der originellsten Heiratsanträge einen soliden Spitzenplatz.

Sollte man einer Single-Frau mehr zuhören oder mehr von sich erzählen?

Das erste Date ist natürlich immer das wichtigste. Denn es entscheidet darüber, ob es ein zweites Date geben wird. Stellen Sie als Mann sich eine Frau vor, die Sie erst ganz kurz kennen, und die sabbelt Ihnen pausenlos die Ohren voll, was sie alles Tolles kann und macht, und sie interessiert sich überhaupt nicht für das, was Sie so treiben. Würden Sie diese Frau wiedersehen wollen?

Nehmen wir einmal an, dass die Frau Architektin ist, also schon was Besseres. Sie treffen sich mit ihr um acht. Um zehn wissen Sie alles über sämtliche Bauprojekte, die sie in den letzten fünf Jahren betreut hat. Um elf kennen Sie die Privatgeschichten der Kollegen in dem Architekturbüro. Um Mitternacht kommt es Ihnen so vor, als wenn Sie mit dem Chef des Ladens eine innige Freundschaft verbindet; zumindest könnten Sie mit Ihrem Kenntnisstand den Kerl durchaus gleich duzen. Zwischendurch kam tatsächlich mal die Frage, was Sie denn so treiben. Sie haben brav geantwortet, aber kommentiert wurde Ihre Auskunft nicht, und es gab auch keinerlei Nachfragen. Um eins nehmen Sie ein Taxi und denken, dass Sie diesen Abend besser vorm Fernseher verbracht hätten. Allerdings – und das ist ja auch nicht zu verachten – wissen Sie jetzt eine Menge über Architektur.

Männer wären viel bessere Frauenversteher, wenn sie grundsätzlich immer so fragen würden: Wie käme das bei mir an, wenn die Frau sich so verhalten würde, wie ich das gerade tue? Das ist so simpel, aber Männer machen das nicht. Sie denken: Frauen sind doch ganz anders als Männer. Das stimmt zwar, aber eben nicht immer. Manchmal müsste sich ein Mann nur fragen, wie sein Verhalten – von ihr an den Tag gelegt – auf ihn wohl wirken würde. Das gilt zum Beispiel für Hygiene und Sauberkeit, aber ebenso auch fürs Zuhören. Ganz klar also: Hören Sie der Single-Frau mehr zu, fragen Sie nach, interessieren Sie sich für sie – und erzählen Sie nur so viel von sich selbst, wie die Single-Frau unbedingt wissen möchte.

Sie arbeiten, sagen wir mal, bei einer Spedition. Sie sind geschieden und haben zwei Kinder. Ihre Frau piesakt Sie, wo immer sie kann. Sie redet schlecht über Sie, sie entfremdet Ihnen die Kinder, im Job ist zur Zeit weiß Gott auch nicht alles rosig, kurz und gut: Sie haben eine Menge Scheiße abzuladen und wirklich viel zu erzählen. Aber wie kommen Sie auf die abenteuerliche Idee, dass eine Single-Frau gleich am ersten Abend mit diesem geballten Drama konfrontiert werden möchte?

Sie treffen sich mit der Single-Frau um acht. Um zehn wäre sie in der Lage, eine Spedition selbstständig zu führen. Um elf weiß sie alles über die fiesen kleinen Machtkämpfe unter den Kollegen, speziell in Ihrem Unternehmen. Um Mitternacht könnte sie Ihren Chef duzen, denn sie weiß eine Menge Privates über ihn. Natürlich haben Sie zwischendurch auch mal gefragt, was denn die Single-Frau so treibt, aber Sie haben es weder kommentiert noch haben Sie nachgefragt. Um eins nimmt sich die Single-Frau ein Taxi und ruft nie wieder an. Wundert Sie das wirklich?

Das Beste, was Ihnen passieren kann, ist: Die Single-Frau spricht am nächsten Morgen mit ihrer allerbesten Freundin (sie tut das garantiert) und sagt: »Er ist eigentlich gar nicht mein Typ, aber er kann so wunderbar *zuhören*. Ich habe viel mehr von mir erzählt, als ich eigentlich wollte.« Wenn das passiert, haben Sie gewonnen. Und plötzlich *sind* Sie ihr Typ.

59. Frage

Muss man Single-Frauen ständig streicheln und massieren?

Es hat sich inzwischen herumgesprochen, dass Männer nicht viel vom ständigen Streicheln und Massieren halten.[*] Hin und wieder lassen sie sich zwar darauf ein, aber im Grunde möchten sie nichts weiter als schnöden Sex. Das ganze endlose Streicheln und Massieren ist nicht so ihr Ding. Es waren aber *Männer,* die ausdrücklich um die Erörterung dieser Frage gebeten haben. Daraus kann man schließen, dass sich etwas bewegt in ihren Köpfen. (Ja! Es *bewegt* sich etwas, also muss dort etwas *existieren!*)

Er – der Mann – ist nun also einer Single-Frau nähergekommen und staunt darüber, dass sie am liebsten ständig gestreichelt und massiert werden möchte. Und er fragt, ob er das machen muss oder (das wäre ja die Alternative) ob er das ablehnen kann.

Zunächst einmal hat die Single-Frau (die ja nun wohl keine richtige mehr ist, denn schließlich gibt es da jemanden, nämlich den Mann) – jedenfalls hat die Single-Frau einen gewissen Nachholbedarf. Alle Frauen lassen sich nämlich gerne streicheln und massieren, und als Single fehlt ihnen das irgendwie. Man könnte sogar sagen, dass Single-Frauen mit ihrem einsamen Leben recht glücklich wären, wenn da nicht dieses blöde Streichel- und Massier-Defizit wäre! Die meisten Single-Frauen haben gar keine Lust auf die nervtötende Routine des zweisamen Alltags, und ebenso wie Single-Männer genießen sie es, niemandem Rechenschaft schuldig zu sein und die getragene Unterwäsche einfach in die Ecke feuern

---

[*] *In dem Bestseller »Wie Männer ticken« (Schwarzkopf & Schwarzkopf Verlag) werden die Gründe ausführlich erläutert.*

zu können. Nur fehlt ihnen eben das Streicheln und Massieren, und das müssen sich die Männer dringend mal klar machen.

Dem Single-Mann fehlt das nicht so sehr. Er lässt sich gerne bekochen, hin und wieder möchte er auch mal Sex haben, und er liebt die vertraut-gemütlich-heimelige Atmosphäre, die nur eine Frau in seine triste Bude zaubern kann, aber das ewige Streicheln und Massieren vermisst er nicht so sehr.

Zurück zur Single-Frau. Kaum noch erwähnenswert, dass man sie tatsächlich streicheln und massieren muss, damit sie ihr Defizit vergisst und wieder ihren normalen Streichel- und Massier-Level erreicht. Allerdings kommt man als Mann nur schwer wieder davon los. Hat man nämlich irgendwann einmal keine Lust mehr dazu und macht es nicht mehr so oft, wird einem das sofort als ein Anzeichen von galoppierendem Liebesverfall ausgelegt. »Du liebst mich nicht mehr«, heißt es dann, »denn früher hast du mich immer gestreichelt und massiert.«

Diese Schlussfolgerung entbehrt zwar jeder Logik, denn Streicheln und Massieren hatte für den Mann noch niemals etwas mit wahrer Liebe zu tun, aber in ihrer Unlogik sind Frauen erstaunlich konsequent, und deshalb sind sie davon auch nicht mehr abzubringen. Also muss man, um unangenehmen Stress und leidige Diskussionen zu vermeiden, weiterhin streicheln und massieren, bis einem die Gelenke schmerzen. Denn merke: Was du einer Single-Frau in der ersten verliebten Zeit bietest, das hält sie automatisch für den lebenslangen Standard und nagelt dich immer wieder darauf fest.

Etwas blöd für Männer ist, dass Frauen beim Streicheln und Massieren ganz anders ticken als sie. Männer möchten nach dieser anstrengenden Tätigkeit gern Sex haben, aber Frauen entspannen sich dabei so schön, dass sie einschlafen.

Haben Single-Frauen wirklich immer kalte Füße, oder tun sie nur so?

Diese Frage ist vollkommen irrelevant. Denn selbst wenn die Single-Frau nur so tut, als ob sie kalte Füße hätte, wäre es grausam und herzlos, sie darauf anzusprechen. Ein wahrer Frauenversteher würde das jedenfalls niemals tun, sondern er knetet ihre Füße entweder warm, oder er rennt los und holt eine warme Decke. Außerdem haben *alle* Frauen *immer* kalte Füße. Es kann also gar nicht sein, dass die Single-Frau nur so tut.

Wer »Frauen« und »kalte Füße« googelt, bekommt Einträge im hohen sechsstelligen Bereich angeboten. Das Thema ist also offenbar spannend. Bei »daserste.de« erfährt man zum Beispiel aus sachkundigem Munde, dass »80 Prozent aller Frauen« über kalte Füße klagen. Das allerdings weiß der Mann schon längst aus eigener missmutiger Erfahrung, und er fühlt sich geehrt, dass die Website der seriösen ARD mit ihm einer Meinung ist.

Dann aber wird es spannend: Der Mann, so kommentiert das Erste im Internet die Sendung »[w] wie Wissen«, sei »bei der Erzeugung der Körperwärme deutlich im Vorteil«. Mehr Muskeln, mehr Körperoberfläche, mehr Energie, mehr Wärme für die Füße, so die Kurzformel. Außerdem habe die Evolution den Mann »zum Jäger« gemacht, erklärt uns die ARD. Die Frau hingegen sei die »Hüterin«.

Na super: Hat die ehemalige »Tagesschau«-Sprecherin Eva Herman ihre verschwurbelten Thesen zur naturgegebenen Rolle der Frau etwa beim eigenen Sender geklaut? Wenn sie *das* vorm Arbeitsgericht zu Protokoll gegeben hätte, wäre sie vielleicht heute noch bei der ARD. Nur eine hübsche kleine Plattitüde möchten wir noch aus »daserste.de« zitieren: »Wenn SIE also mal wieder ihre Füße bei IHM wärmen will, ist das keine gemeine Absicht. Es ist so, weil Mann und Frau eben füreinander geschaffen sind.«[*]

Na, schau mal einer an. Nach Meinung der ARD sind Männer und Männer also wohl nicht füreinander geschaffen; und auch lesbische Beziehungen wären dann wohl eher wider die Natur. Aber zurück zu den kalten Füßen einer Frau.

Wie wir bereits gelernt haben, gibt es für die stets kalten Füße der Single-Frau eine seriöse *physische* Erklärung. Aber ganz sicher gibt es auch eine *psychisch* bedingte. Es ist nämlich so, dass die Frau gar nicht ihre kalten Füße meint, wenn sie über ihre kalten Füße klagt. Sie möchte einfach wissen, ob der neue Mann an ihrer Seite ein Beschützer oder eine Pflaume ist. Und deshalb sagt sie, dass sie kalte Füße hat. Entweder fängt er jetzt sofort an, ihre kalten Füße zu wärmen (dann ist er ein Beschützer), oder er guckt blöd und zuckt mit den Schultern nach dem Motto »Soll ich die Heizung höher drehen?« (dann ist er eine Pflaume). Mit wem fängt die Single-Frau wohl eine Beziehung an: mit dem Beschützer oder mit der Pflaume?

---

[*] *Das steht da wirklich, überzeugen Sie sich selbst: www.daserste.de*

Warum sind Single-Frauen manchmal so zickig?

Single-Frauen bauen gern eine unsichtbare Mauer um sich herum auf, damit sie die männliche Spreu vom Weizen trennen können. Sie gucken arrogant, geben schnippische Antworten oder gar keine, und wenn ein Mann sie am Tresen anspricht, dann drehen sie sich demonstrativ weg. Der Mann erschrickt und möchte sich am liebsten entschuldigen, aber das wäre falsch. Dranbleiben heißt die Devise. Die Single-Frau möchte eben etwas mehr hören als einen der abgegriffenen Anmachsprüche, den man vermutlich gerade abgelassen hat. Sie möchte gleich wissen, ob sie es mit einem *Guten* zu tun hat oder mit einem *Loser*.

Der Grat ist allerdings schmal, auf dem sich der Mann da bewegt, und das Eis ist ziemlich dünn. Man darf ja eine Single-Frau nicht belästigen, die erkennbar und deutlich ihren Unwillen bekundet hat. Wie also soll man da unterscheiden? Wie weit darf man gehen als Mann?

Am Ende wird es noch richtig kriminell, und der Mann lässt sich einfach nicht abwimmeln, weil er die ganze Zeit glaubt: Die will ja, dass ich ihre »unsichtbare Mauer« durchbreche! Also zeige ich ihr, dass ich zu den Guten gehöre, und lasse einfach nicht locker! Dabei steht er kurz vorm Rausschmiss durch den Türsteher, oder ein anderer Gast erbarmt sich der Frau und haut dem aufdringlichen Deppen – Ihnen – eins aufs Maul. Das wäre auch nicht so schön.

Am besten macht man es so mit der Single-Frau, die sich arrogant gibt oder arrogant ist: Man spricht sie an, schluckt ihre patzige Antwort, schiebt noch einen Spruch hinterher, und wenn sie dann immer noch patzig ist, dann sagt man: »Ich habe nicht den Eindruck, dass du dich mit mir unterhalten möchtest. Wenn doch, kannst du mich ja ansprechen.«

Eine Umfrage für dieses Buch hat ergeben, dass die Single-Frauen mit dieser Regelung sehr zufrieden wären. Denn sie wollen ja Männer kennenlernen. Nur wünschen sie sich eben auch die Möglichkeit, jemanden abblitzen zu lassen, der im Moment so gar nicht in ihr Konzept passt.

Sie als Mann können zum Beispiel überhaupt nicht wissen, ob die Single-Frau am Tresen vielleicht schon längst jemanden anders ins Auge gefasst hat, auf den sie gerade losgehen wollte, als Sie dazwischenkamen. Sie können auch nicht wissen, ob die Single-Frau überhaupt auf Männer steht. Vielleicht hat sie ja schon Augenkontakt mit der hübschen Blondine von der anderen Seite des Tresens, die auch nicht auf Männer steht! Auch können Sie nicht wissen, ob die Single-Frau überhaupt eine Single-Frau ist. Eventuell hat sie ja nur ihren Mädelsabend und absolut keine Lust, Sie oder sonst jemanden kennenzulernen. Eine vermeintliche Single-Frau am Tresen anzusprechen ist also auf jeden Fall immer ein erhebliches Risiko für den Mann.

Eigentlich müsste man davon sogar abraten. Es sei denn, die Frau sendet eindeutige Signale aus, wirft laszive Blicke herüber, fährt sich mit der Zunge über die Lippen, mit den Händen durchs Haar usw. Wer sie dann nicht anspricht, ist eindeutig ein Loser – obwohl: Was ist, wenn sie einladend herüberschaut und in Wahrheit den Typen auf dem Barhocker direkt neben einem meint …?

Warum gehen Single-Frauen immer zu zweit aufs Klo?

Das hat drei Gründe, nämlich einen fiesen, einen praktischen und einen psychologischen. Der fiese Grund: Frauen gehen deshalb immer zu zweit aufs Klo, weil sie dort gnadenlos über alle ablästern, die nicht mit aufs Klo gekommen sind. Es geht zwar auch um Männer, aber vorwiegend geht es um diejenigen Frauen, die am Tisch sitzen geblieben sind. An denen wird kein gutes Haar gelassen. Deren hysterische Stimmlage wird höhnisch imitiert, ihre blödesten Sprüche werden durchgekaut, und natürlich wird über ihre missratene Figur sowie über ihre unmögliche Frisur, die Zellulite am Bein, die Gewebeschwäche am Dekolleté und ihre lächerlichen Versuche, dem Alter zu trotzen, auf unterstem Niveau hergezogen.

Wir kommen zum praktischen Grund, warum Single-Frauen so gern zu zweit aufs Klo gehen. Frauen haben immer Angst davor, dass sie irgendetwas im entscheidenden Moment *nicht* bei sich haben könnten, denn, merke: Frauen sind von Natur aus extrem pessimistisch und glauben immerzu, dass etwas Schreckliches passieren könnte. Zum Beispiel könnten sie eine Laufmasche kriegen und keine Ersatzstrumpfhose dabeihaben, oder es könnte regnen, und sie haben den Knirps nicht dabei, oder es läuft ihnen ihr Traummann über den Weg, und sie haben die Präservative auf dem Nachttisch liegen lassen. Das ist ja auch der Grund, warum Frauen immer so viel in ihrer Handtasche mit sich herum schleppen, was sie überhaupt nicht brauchen.

Die Angst, etwas zu Hause gelassen zu haben, verfolgt die Single-Frau bis aufs WC. Und deshalb nimmt sie so gern ihre beste

Freundin mit dorthin. Die hat ja auch ihre Handtasche dabei. Und was der Single-Frau fehlt für die Blitz-Runderneuerung des Outfits vorm Spiegel, könnte sie sich ausleihen. Schwierig wäre es, zunächst alleine die Toilette zu besuchen, dann festzustellen, dass irgendetwas fehlt, zurück ins Restaurant zu eilen und der Freundin etwas ins Ohr zu flüstern: Das gibt Gerede!

Es ist also so, als wenn sich zwei Männer zum Autoreparieren verabreden: Beide bringen ihr Werkzeug mit, denn was dem einen fehlt, das hat der andere vielleicht.

Der dritte Grund, also der psychologische, hat mit einer anderen typisch weiblichen Urangst zu tun. Wenn Frauen das Restaurant noch nicht kennen, dann wissen sie nicht, wo das Klo ist, und das macht sie unsicher. Außerdem: Der Weg hin und zurück ist doch zu zweit viel angenehmer, man hat Unterhaltung und zieht nicht alleine die neugierigen Blicke auf sich.

7. Kapitel

Noch mal zurück auf Anfang: Wo man Singles trifft

Sitzen Singles vielleicht am Tresen?

Um einen Single zu treffen, der auch noch interessant ist, muss man intelligent planen und strategisch klug vorgehen. Man verhält sich am besten so wie ein Jäger. Wenn der einen kapitalen Hirsch schießen möchte, geht er gewiss nicht – sagen wir mal – auf einen Autobahnrastplatz oder zu einem Popkonzert. Er schultert seine Flinte und geht dorthin, wo er den kapitalen Hirsch am ehesten vermutet. Nämlich in den Wald. Die Frage, wo man Singles heutzutage überhaupt antrifft, ist also durchaus von zentraler Bedeutung. Hartnäckig hält sich zum Beispiel das Gerücht, man würde interessante Singles in Waschsalons treffen.*

Tresen gibt es viele. Da ist die Eckkneipe mit ihrem Tresen, da ist die angesagte feine Bar mit dem eleganten Barkeeper, der mit Flaschen jongliert wie im Zirkus und Gäste, die er nicht kennt, geflissentlich übersieht. Es gibt den Tresen beim vertrauten Italiener, Griechen oder Türken, wo jeder herzlich begrüßt wird. Dann gibt es natürlich noch den Tresen im Rotlichtviertel, wo jede Frau Single ist (zumindest für eine halbe Stunde und gegen gutes Geld). Um diesen Tresen wollen wir uns hier aber nicht kümmern, er spielt eigentlich keine Rolle.

Es gibt eine Grundregel für die Single-Suche am Tresen, und die heißt: Der Tresen muss *Ihr* Revier sein und *nicht* das Revier des Singles, den Sie hier gerne kennenlernen möchten. Deshalb sollten Sie sich zunächst einmal einen Tresen für sich selbst suchen – das ist nicht nur hilfreich für die Single-Jagd, sondern auch ein Gewinn fürs Leben.

---

* *Siehe 65. Frage*

Noch einmal, anders formuliert: *Sie* brauchen einen Heimat-Tresen, wo *Sie* Platzhirsch(in) sind. Streifen Sie nicht unruhig durch die Stadt und gehen mal hierhin, mal dorthin! Das bringt nicht viel. Verbringen Sie stattdessen Ihre Abende in einem Laden, der Ihnen zusagt und in dem Sie heimisch werden könnten. Machen Sie den Tresen in diesem Laden zu Ihrem zweiten Wohnzimmer. Setzen Sie sich niemals an einen Tisch. Bleiben Sie immer am Tresen. Gehen Sie so oft hin, wie Ihre Leber und Ihre Brieftasche das vertragen. Werden Sie Stammgast an diesem Tresen. Das ist ganz, ganz wichtig.

Singles gehen immer mal wieder aus. Die Chance, dass irgendwann ein interessanter Single durch die Tür kommt, ist also gegeben; allerdings kommt er (oder sie) selten allein, sondern meist in Begleitung: mindestens zu zweit, oftmals sogar im Rudel mit anderen Menschen, die vielleicht keine Singles sind. Das Rudel wird den Tresen schnell besetzen. *Sie* haben nur dann eine Chance, wenn Sie Platzvorteil haben, und das heißt: Sie sind quasi ein Teil des Tresens. Sie wissen alles, kennen jeden, bekommen Getränke auf einen Fingerschnipp, haben Ihren Stammplatz, das Vertrauen des Wirts, Kredit sowieso, und Sie können gerne für zwei Stunden mal den Laden verlassen: *Ihr* Platz wird freigehalten. Denn *Sie* sind hier zu Hause.

Natürlich macht es keinen Sinn, die Theke vom Dorfgasthof von Klein-Kleckershausen an der Knatter zum Kontakt-Tresen zu erklären, wenn man dort seit 35 Jahren lebt und genau weiß, dass niemals irgendwelche fremden Menschen in den Dorfgasthof von Klein-Kleckershausen kommen werden und die letzten verfügbaren Singles dieser gottverlassenen Gemeinde seit sieben Jahren entweder unter der Haube oder weggezogen sind. Da kann man sich die Leber totsaufen, und es passiert trotzdem nichts, und zwar über Jahre. Es muss also schon etwas Laufkundschaft zu erwarten sein.

Warum ist es denn so wichtig, dass man selbst der »Platzhirsch« am Tresen ist? Schauen Sie: Jeder Mensch hat eine gewisse Aura. Man spürt sofort, ob jemand fremd oder zu Hause ist. Ob jemand etwas zu sagen hat oder unsicher ist. Wer am Tresen sitzt und von jedem gegrüßt wird, locker jeden Zweiten umarmt, vom Barkeeper hofiert und vom Personal geachtet wird, der *hat* eine Aura. Der oder die *sitzt auch ganz anders* am Tresen. Der oder die strahlt etwas aus. Der Single, neu im Lokal, ist hingegen unsicher. Schaut nach hier, schaut nach dort, sucht seinen Platz, und das nicht nur körperlich (was den Barhocker angeht), sondern auch im übertragenen Sinne: Er sucht seinen Platz in diesem Lokal, das mit seiner Hierarchie genauso funktioniert wie eine Elefantentränke in der Sahara. Der Stärkste trinkt zuerst. Der Schwächere muss warten.

Jetzt stellen Sie sich einmal vor, da kommt ein schüchterner Single in den Laden und möchte etwas bestellen, aber der Barkeeper hinterm Tresen ignoriert ihn wegen Massenandrangs oder einer leichten Antipathie konsequent und dauerhaft. *Sie* schnippen mit dem Finger, und der Single hat sein Getränk: Gibt es eine erfolgreichere Kontaktaufnahme? Nein. Sehen Sie, deshalb sollten Sie an irgendeinem Tresen der Platzhirsch sein, und dafür müssen Sie möglichst oft hingehen. Sonst werden Sie keiner.

Wenn Sie der Platzhirsch am Tresen sind, sollten Sie aber nicht nur die Tür im Auge behalten und darauf warten, dass sich der Single, vielleicht in einem Rudel versteckt, irgendwann mal hereintraut. Sondern Sie sollten auch das Personal immer im Auge behalten. Was sind das denn für Menschen, die immer dann zur Arbeit gehen, wenn unsereins den Feierabend genießt? Partnerschaftsfreundlich ist ein Job in der Gastronomie keinesfalls. Die Chance, dass die hübsche Bedienung oder der gut gebaute Kellner Singles sind, beträgt deshalb weit über 70 Prozent. Es hat schon manch einer sein Glück am Tresen gesucht, und das Glück stand die ganze Zeit hinterm Tresen!

Wir vergeben bei dieser und den nächsten Fragen Schulnoten (1 = sehr gut, 6 = ungenügend). Der Tresen bekommt bei der Single-Suche eine glatte 2 – aber eben nur, wenn Sie an diesem Tresen Platzhirsch sind.

Sollte man sich nicht lieber in der eigenen Firma umschauen?

Was dagegen spricht: »Never f... in the own company«, das heißt: Sie riskieren eventuell Ihre Karriere, wenn Sie was in der Firma anfangen. Man wird über sie beide tuscheln. Geht die Sache schief, ist eine gedeihliche Zusammenarbeit künftig vielleicht getrübt. Und es könnten sich private Details über Sie herumsprechen, die Sie nicht unbedingt quasi am Schwarzen Brett sehen möchten.

Was dafür spricht: Die meiste Zeit verbringen Sie doch ohnehin in der Firma, stimmt's? Also können Sie dort auch nach Singles Ausschau halten. Sie haben gleich ein gutes Gesprächsthema, weil Sie ja im selben Laden arbeiten. Der Single wird Verständnis für Sie haben, wenn Sie abends länger arbeiten müssen. Und Sie müssen ihm nicht erst mühsam erklären, wie Ihre Firma funktioniert, wer zu den Leistungsträgern zählt und über wen Sie sich ständig ärgern. Wichtig ist auch: In der Firma kriegen Sie sehr schnell heraus, wer Single ist und wer nicht. Wie viele Leute lernt man da draußen auf der Piste kennen, die man für Singles hält, und am Ende sind es gar keine! Das kann Ihnen in der Firma nicht so leicht passieren.

Schön ist auch, dass Sie den Single erst einmal in Ruhe studieren können, bevor Sie sich an ihn ranmachen. Auch wenn Sie nicht direkt zusammenarbeiten, also sich quasi tagsüber ohnehin schon fast auf dem Schoß sitzen, werden Sie ja einiges über den Single in Erfahrung bringen können. Was redet man so über ihn oder sie? Wie verhält sich der Single, wenn er angeflirtet wird? Wie ist es um sein Image bestellt? Macho oder Weichei, Mutter

Teresa oder gnadenlose Karrierefrau? Für all das brauchen Sie auf der freien Wildbahn Wochen und Monate, aber in der Firma kriegen Sie diese interessanten Details frei Haus geliefert. Das ist nicht zu verachten.

Problematisch wird es allerdings, wenn Sie der Chef vom Single sind. Abteilungsleiter pirscht sich an hübsche Praktikantin ran? Personalchefin lässt sich mit kleinem Angestellten ein? Das ist derart riskant (obwohl es äußerst reizvoll sein kann), dass man grundsätzlich die Finger davon lassen sollte.

Was sich jedoch wie eine eiserne Regel liest, ist in der Praxis nicht so einfach umzusetzen. Denn wie verhält man sich, wenn die junge Praktikantin genau die Frau zu sein scheint, auf die man schon seit Jahren wartet? Und darf denn eine Personalchefin gar kein Privatleben haben, wenn doch der absolute Traumtyp ganz zufällig in der eigenen Firma arbeitet?

Wenn das so ist, muss man den Single auf sich zukommen lassen. Die eiserne Regel wird für Härtefälle dieser Art also erweitert: *Sie* dürfen *niemals* die Initiative ergreifen. Aber wenn jemand, der Ihnen unterstellt ist, *Ihnen* eindeutige Avancen macht (zum Beispiel gern einmal mit Ihnen privat ausgehen möchte), können Sie eventuell, nach mehrfachem Weigern und ausdrücklichen Warnungen, dass dies eigentlich gar nicht geht, letztendlich doch eine gewisse minimale Bereitschaft erkennen lassen. Der Single muss allerdings kräftig baggern! *Sie* haben einen weiteren Vorteil: Wo lange gebaggert wird, ist die Chance auf eine langfristige Beziehung signifikant erhöht.

Eindeutig zu warnen ist vor One-Night-Stands in der eigenen Firma, und das gilt für Kollegen ebenso wie für Vorgesetzte und Abhängige. So schön kann doch kein Quickie sein, dass Sie deswegen ins Gerede kommen.

Unterm Strich – um auf die Bewertung mit den Schulnoten zurückzukommen – kriegt die Firma jedoch eine glatte 2.

Trifft man gute Singles im Waschsalon?

Ein Waschsalon ist zunächst einmal ein Treff für Menschen, die zu Hause keine eigene Waschmaschine haben. Hierfür kann es mehrere Möglichkeiten geben, denn eigentlich hat ja jeder eine Waschmaschine.

Erstens könnte es sein, dass man für eine eigene Waschmaschine kein Geld hat. Wenn das der Fall ist, lernen Sie im Waschsalon also ausschließlich mittellose Singles kennen. Zweitens könnte es sein, dass der Single zu Hause keinen Platz für eine Waschmaschine hat. Wenn das der Fall ist, lachen Sie sich dort einen Single mit Wohnklo an. Drittens ist es denkbar, dass schmutzige Wäsche überhaupt nicht der Grund für die Anwesenheit des Singles im Waschsalon ist, sondern er nur dort ist, weil es ein öffentlich zugänglicher beheizter Raum ist, in dem es zum Glück auch nicht durchregnet. Sie hätten dann also einen weitgehend obdachlosen Single. Das sind wirklich drei gute Gründe, warum Sie im Waschsalon keinesfalls auf Singlesuche gehen sollten.

Andererseits muss man sich natürlich fragen, warum Sie denn im Waschsalon auftauchen. Entweder trifft einer der soeben genannten drei Gründe auch auf Sie zu – mittellos, Wohnklo oder gar kein Zuhause –, dann werden Sie allerdings kaum die 9,95 Euro für dieses Buch über haben, zählen also nicht zur Leserschicht. Oder Ihre Waschmaschine zu Hause ist kaputt, und Sie gehen deshalb in den Waschsalon. Dann jedoch ist die Chance minimal, dass Sie dort einen Single treffen, dem auch gerade die Waschmaschine kaputt gegangen ist. Das können Sie getrost vergessen.

Anders sieht es natürlich für 18-Jährige aus, die soeben bei den Eltern ausgezogen sind und vor der Entscheidung stehen »Führerschein oder Waschmaschine«, denn beides ist momentan nicht drin. Wenn Sie zu dieser Bevölkerungsschicht zählen, könnte der Waschsalon durchaus ein attraktiver Single-Treff für Sie sein, mit einer Einschränkung: Sie können offenbar nicht so gut rechnen! Denn sonst wüssten Sie, dass eine eigene Waschmaschine allemal billiger ist, als jahrelang in den Waschsalon zu gehen. Sie werden also im Waschsalon viele Singles treffen, die zwar zu Ihnen passen, die aber ebenfalls nicht rechnen können, denn sonst wären sie nicht dort. Passt gut, wird aber später schwierig: Zwei, die nicht rechnen können …? Sollten die wirklich zusammenkommen …?

Das jedoch ist Ihr Problem. Für alle, die keine 18 mehr sind, gilt daher: Der Waschsalon kriegt fürs Single-Kennenlernen eine glatte 6.

66. Frage

Sollte man sich einen Hund zulegen, um einen Single kennenzulernen?

Ein Hund ist ein Lebewesen, das man sich nicht aus egoistischen Motiven heraus zulegt, sondern man muss den Hund lieben, und wenn man sich einen Hund holt, dann tut man das für den Hund und nicht für sich selbst, und keinesfalls darf man sich einen Hund aus so einem idiotischen Grund heraus holen, dass man mithilfe des Hundes andere Hundehalter kennenlernen möchte, außerdem hat man vielleicht in einem Jahr gar keine Lust mehr, einen Single zu treffen, aber den Hund hat man dann immer noch, und so ein Hund lebt manchmal 16 Jahre, machen Sie sich das mal klar.

Der Autor hofft, mit diesem Bandwurmsatz die verständlichen Aufschreie der Tierfreunde angesichts der Überschrift im Keim erstickt zu haben, verweist im Übrigen auf seinen Hunde-Bestseller[*] und kommt nun zwar etwas verspätet, aber doch noch zur Sache.

Natürlich lernen Sie mit einem Hund an der Leine blitzschnell Menschen kennen, von denen zwar nicht alle, aber doch einige Singles sind. Sie lernen sogar Singles kennen, die keinen Hund haben. Denn ein Hund verbindet: Er jagt dem Jogger hinterher, er möchte Radfahrer dem imaginären Rudel zuführen, er zwickt eventuell ganz harmlose Spaziergänger ins Bein, und wenn er ein Welpe ist, dann werden Sie auf einem einzigen Spaziergang öfter angesprochen als am Tresen in drei langen Nächten. Ein Hund ist *der* Kommunikator schlechthin. Es ist sogar unmöglich, mit einem Hund auf die Straße zu gehen, *ohne* angesprochen zu werden.

---

[*] *»111 Gründe, Hunde zu lieben«, Schwarzkopf & Schwarzkopf Verlag, mit einem Extra-Kapitel (ganz allerliebst geschrieben) zum Thema »Hund und Partnersuche«.*

Singles, die sich sonst nie an Sie herantrauen würden, haben über den Hund die allerbeste Möglichkeit dazu (»Der ist aber süß! Was ist das denn für einer?«). Singles können erst den Hund anflirten (»Tz tz tz, na du?«) und dabei ganz unverfänglich *Sie* meinen. Singles können den *Hund* streicheln und *Ihnen* dabei tief in die Augen sehen. Der Hund macht einfach locker. Er kann das, was wir verlernt haben: einfach auf jemanden zugehen und ihm sagen, dass man ihn mag und gerne näher kennenlernen würde.

Ein Hund wedelt sich mit seinem Schwanz an wildfremde Menschen heran und überwindet sekundenschnell Hemmschwellen, für die wir sittenstrengen Menschen mehrere Wochen brauchen würden. Der Hund ist das ideale Wesen, um jemanden kennenzulernen. Eine glatte 1 gibt es für den Hund. Aber ... Lesen Sie nun bitte noch einmal den ersten Satz dieses Kapitels.

Wäre es sinnvoll, in einen Verein einzutreten?

Oberflächlich betrachtet, klingt diese Frage etwas dämlich. Vorm geistigen Auge sieht man die Hauptversammlung des Kleingartenvereins »Grüne Scholle«, und dort gibt es nur alternde Paare, die sich gegenseitig anöden. Oder man sieht den Grillabend der »Bootsfreunde Südliches Mainufer« mit Freizeitskippern im Unterhemd und mit dicken Frauen in viel zu knappen Bikinis. Wie soll man da einen Single treffen? Wenn es ihn dort gäbe, würden die Pärchen ihn umgehend wegbeißen!

Nein, so ein Verein ist tatsächlich eher ungeeignet. Dann schon lieber zu den Anonymen Alkoholikern, wo man erheblich weniger Paaren und erheblich mehr Singles oder Beinahe-Singles begegnet, denn der Alkohol zerstört so manche Partnerschaft oder hat sie schon zerstört, aber auch diese Alternative hat ihre Nachteile. Denn bei den Anonymen Alkoholikern trifft man ... Eben, Sie sagen es: Man trifft dort lauter anonyme Alkoholiker.

Man muss den Begriff »Verein« ein bisschen weiter fassen, um dem Thema einen gewissen Charme abzugewinnen und daraus seine Schlüsse zu ziehen. Nehmen wir mal einen Kirchenchor. Falls Sie einigermaßen gut bei Stimme sind, könnten Sie da durchaus Singles treffen. Die sind dort, weil sie überhaupt irgendwie mal unter Leute möchten, und wenn sie dafür singen müssen, tun sie's gern. Nehmen wir mal einen Spielmannszug. Die Piccoloflöte bläst manch eine schnuckelige Single-Frau, und die Trommelschläger schwingt manch ein ansehnlicher Single-Bub. Nicht, weil er hier eine Frau sucht! Aber man trifft ihn da.

Wenn Sie bereit sind, das Pokern zu lernen, werden Sie über die Vielzahl von Singles staunen, die ebenfalls pokern. Golfclubs sind hingegen eher ungeeignet zur Single-Suche, weil in solche Vereine meistens Paare eintreten und Singles dort nur vereinzelt zu finden sind.

Begeben Sie sich als Anfänger jedoch auf eine professionelle Driving-Range, wie zum Beispiel die Hamburger »Golf-Lounge«, und nehmen dort einige Trainerstunden, entdecken Sie in der angeschlossenen kleinen Gastronomie potenzielle Singles in Hülle und Fülle. Und das sind keine schlechten Singles! Sie sehen allesamt sehr propper aus und können sich zumindest die eine oder andere Trainingseinheit leisten. Was Golfen angeht, sollte man als Single also nicht in einen Club eintreten. Sondern man sollte herausfinden, wo man das Golfen ohne Clubmitgliedschaft lernen kann. Auf die Idee sind natürlich schon andere gekommen. Auch Singles. Gar nicht schlecht ... Schulnote für dieses Kapitel, bis hierher zumindest: eine 3+.

Wir sind nämlich noch nicht fertig. Was ist mit Oldtimer-Treffen? Hohe Single-Trefferquote. Viele sehr interessante Männer standen einmal vor der Alternative: »Du musst dich entscheiden, Schatz. Dein Auto oder ich.« Die Jungs haben sich konsequent fürs Auto entschieden, wie Männer nun mal sind, und jetzt sind sie Single. Glatte 2 – und das nicht nur, wenn Sie eine Frau sind. Es gibt auch viele interessante Single-Frauen, die Oldies lieben!

Volkshochschule? Sehr gut. Nur ganz selten trifft man dort Pärchen. Die Volkshochschule ist die Uni des kleinen Mannes, der abends nicht viel mit sich anzufangen weiß und sich freut, unter Gleichgesinnten zu sein. Allerdings müssen Sie sich den Kurs sorgfältig aussuchen. »Häkeln für Fortgeschrittene« ist vielleicht nicht unbedingt die Community, in der Sie Ihren Traumpartner finden können. Insgesamt aber trotzdem: Note 2–3.

Umweltschutz-Organisationen wie Greenpeace oder der BUND? Nicht schlecht! So eine gut gebaute Aktivistin, die sich schon mal an einer Bahnschiene angekettet hat oder im Schlauchboot einen Robbenfänger stoppte, dürfte für eine Beziehung bisher nicht viel Zeit erübrigt haben. Allerdings müssen Sie dann damit rechnen, dass Sie zum Frühstück irgendetwas Gesundes kriegen, und das schmeckt manchmal scheußlich. 2–3!

Nicht zu unterschätzen sind Gewerkschaften und Parteien. Es ist natürlich unmoralisch, nur wegen der Suche nach einem interessanten Single in eine Partei einzutreten. Aber wenn Sie sowieso politisch interessiert sind, könnten Sie hier zwei Fliegen mit einer Klappe schlagen. Suchen Sie sich eine möglichst kleine Partei aus, zum Beispiel die FDP, und streben Sie sofort ein Amt an. Lassen Sie sich zum Beispiel in den Ausschuss für mehr Kitas wählen, oder machen Sie die Gleichberechtigung der Frau zu Ihrem Spezialthema. Warum ein Amt? Ganz einfach: Macht macht Sie noch erotischer, als Sie ohnehin schon sind. Als einfaches Parteimitglied, das auf jeder Ortsvereinssitzung verhuscht in der letzten Reihe sitzt, werden Sie von den interessanten Leuten garantiert niemals zum Absacker in die Eckkneipe eingeladen. Aber genau dort fängt Politik an, selbst eingefleischten Singles ohne jedes Interesse an Kitas und anderen Familienthemen so richtig Spaß zu machen.

Wie kann man die Urlaubsplanung mit der Single-Suche kombinieren?

Das Thema Single-Urlaub wird weit überschätzt. Auf speziellen Single-Reisen treffen Sie vermutlich nur Leute, von denen Sie in der Bar zu Hause am liebsten gar nicht angesprochen werden möchten. Außerdem verdirbt es einem den Urlaubs-Spaß, wenn man quasi mit dem Schild »Ich bin auch Single« um den Hals herumläuft. Im All-inclusive-Hotel begegnen Sie sowieso fast ausschließlich Pärchen und Familien; hinzu kommt diese dämliche Wegbeißerei: Sitzen Sie als Frau mal an einem Tisch mit einem frisch verheirateten Paar, und der Mann wagt es, über Ihre humorvollen Bemerkungen zu lachen! Später auf dem Zimmer hat er nichts mehr zu lachen, und Sie werden am nächsten Morgen vermutlich dezent an einen anderen Tisch geleitet. Kreuzfahrten sind nur dann empfehlenswert, wenn Sie ein Mann sind und nichts gegen reiche und etwas ältere amerikanische Witwen einzuwenden haben. Wenn Sie darauf stehen, befinden Sie sich allerdings an Bord in Ihrem ganz persönlichen Eldorado. Andersherum gilt das auch für Single-Frauen! Auf Kreuzfahrern gibt es gaaanz viele reiche Typen, wenn sie auch nicht mehr so ganz frisch sind.

Auch die Sache mit dem süßen Animateur ist meistens ein Flop. Mit Glück reicht es für einen One-Night-Stand, aber für immer und ewig finden Sie hier nix, und der attraktive Spanier aus der Strandbar geht Ihnen spätestens dann auf den Keks, wenn er Sie bei Schmuddelwetter in Ihrer Anderthalb-Zimmer-Wohung in Hamburg-Barmbek besuchen kommt. Vergessen Sie's: Als Schulnote gibt es eine glatte 5.

Keine Regel ohne Ausnahme, und deshalb noch ein Wort zu Bildungsreisen und Trekking-Touren. Da sieht es nun ganz anders aus. Was Bildungsreisen angeht: Hier treffen Sie Singles ohne Ende. Allerdings sollten Sie auf die Spezies »Archivarin mit grauem Kurzhaarschnitt« oder »Oberstudienrat mit Faible für altägyptische Architektur« abfahren, also auf die Zielgruppe der »Apotheken-Umschau«; anderenfalls könnten Sie sich langweilen. Rucksack-Reisen sind ebenfalls gute Single-Kontaktbörsen, jedoch naturgemäß nur etwas für jüngere Menschen oder solche, die sich dafür halten – gemeinhin benutzt man dafür das Wort »junggeblieben«. Na ja. Müssen Sie selber wissen, ob das was für Sie sein könnte. Wir geben mal eine 3.

Woran erkennt man einen Single im Supermarkt?

Das ist wirklich nicht schwer. Erstens ist der Single allein unterwegs. Zweitens hilft ein Blick in seinen Einkaufswagen. Da liegt irgendetwas drin, was für zwei zu wenig ist. Also zum Beispiel die kleine Dose Gemüse von Bonduelle (Bohnen, Erbsen, Möhren oder Leipziger Allerlei). Ein guter Hinweis ist auch das winzige Stück Käse, von dem nicht mal eine Maus satt würde.

Präservative im Einkaufswagen des Mannes erhöhen die Wahrscheinlichkeit, dass es sich um einen Single handelt (in festen Beziehungen ist Verhütung mit dem Präser eher nicht die Regel). Eine Frau mit einem Sechserpack Bier ist vermutlich kein Single (zwar gibt es Frauen, die Bier trinken, aber sie sind eben nicht so häufig). Genauso unwahrscheinlich ist, dass ein männlicher Single ein Riesenpaket Pampers und eine Packung Tampons im Wagen hat.

Achten Sie auch auf die Eierzahl: Singles kaufen immer den Vierer-, maximal den Sechserkarton Eier, aber niemals den großen Karton mit zehn Eiern drin, denn sie braten sich erheblich weniger Eier, als sie beim Einkauf planen, und bis zum Ablaufdatum der Eier müssten sie täglich welche braten. Deshalb schmeißen sie regelmäßig die meisten Eier weg, und, schlau geworden, greifen sie nun eben gleich zu den kleineren Kartons.

Wer einen Sechserpack Piccolos kauft, ist vermutlich Single. Zu zweit lohnt sich das nicht. Nur Singles ärgern sich ständig über Sekt, der abgestanden schmeckt. Menschen in festen Beziehungen kaufen 0,75-Liter-Flaschen. An der Fleischtheke ist es auch ganz leicht: »Ein kleines Schweinesteak bitte« verlangt kein Mann, der zu Hause Frau und drei Kinder hat. Ein gutes Indiz ist auch der weiße Speck, mit dem man Eier brät: Singles sagen immer »Etwas weniger bitte«, Gebundene sagen immer »Etwas mehr bitte«.

Das »Zewa wisch und weg« gibt es sowohl im Zweier- als auch im Viererpack, und nun denken Sie doch mal nach: Schleppt ein Single das Riesenpaket mit, wo er doch mit einer Rolle mehrere Wochen hinkommt? Nein. Den Viererpack kauft kein Single.

Oder Actimel bzw. vergleichbare Drinks. Es gibt diese kleinen handlichen Schlucke, die angeblich den Darm aufräumen, im Vierer- und im Achterpack. Singles kaufen – genau: den Vierer-pack. Beim Kaffee kann man hingegen nicht so sicher sein: Sowohl Singles als auch Menschen in festen Beziehungen werden schwach, wenn es vier Pfund zum Preis von drei Pfund gibt. Ganz anders wiederum ist es mit dem Toilettenpapier. Singles kaufen lieber den Zweierpack, Liierte greifen zur Riesenpackung mit gleich zehn Rollen.

Der Blick in den fremden Einkaufswagen ist die eine Sache, aber eine ganz andere Sache ist, wie sich der Single im Supermarkt ver-hält. Wie er geht, wo er stockt, wo er Gas gibt und wo er bremst. Man nennt das die »Sprache des Körpers«, genial inszeniert zum Beispiel in der TV-Serie »Lie to me« auf Vox: Menschen können lügen, aber ihr Körper spricht immer die Wahrheit. Trainieren Sie das! Beobachten Sie Menschen im Supermarkt! Ganz schnell werden Sie feststellen, dass Sie über viel mehr Menschenkenntnis verfügen, als Sie bisher glaubten.

Wer in einer festen Partnerschaft lebt, hat meistens einen Ein-kaufszettel dabei. Der wird konsequent und zielgerichtet abge-arbeitet. Ein Single im Supermarkt hat vielleicht auch einen Ein-kaufszettel in der Hand, aber der ist mehr eine Ideensammlung als ein fester Auftrag. Er zögert also. Er eilt nicht durch die Gänge, er schleicht und wird oftmals von anderen Einkaufswagen überholt. Er schaut nach links und rechts, er grübelt, er greift nach etwas, er zuckt wieder zurück, er ist unschlüssig, er guckt in seinen Wagen, er biegt noch mal sinnlos ab, denn da will er nix kaufen, er kommt zurück, er steuert die nächste Abteilung an ...

Der weiß noch nicht, was es heute Abend bei ihm zu essen gibt! Wer eine Beziehung zu Hause hat, der macht sich zack-zack den Einkaufswagen voll und steuert ohne Zeitverlust die Kasse an. Nur der Single entscheidet erst im Supermarkt, was er eigentlich heute Abend essen will.

Wenn Sie nun einen echten Single im Supermarkt entdeckt haben, bringt Sie das allein ja noch nicht weiter. Sie wollen nun auch mit dem Single ins Gespräch kommen und vielleicht sogar von ihm auf einen Kaffee eingeladen werden. Das schaffen Sie am ehesten, wenn Sie den »Einkaufswagen-Verwechsel-Trick« anwenden. Nehmen Sie irgendwas aus dem Regal und werfen es in den Wagen des Singles. Dann schnappen Sie sich den Wagen und schieben damit ab. Natürlich rennt Ihnen der Single hinterher und will seinen Wagen wiederhaben. Sie behaupten jedoch, dass es Ihr Wagen ist. Ihre Zeit läuft, bis Sie Ihren Fehler eingestehen müssen. Das sind vielleicht 10 Sekunden, denn danach ist die Sachlage geklärt. Diese 10 Sekunden müssen Sie jetzt nur noch nutzen, um beim Single einen interessanten Eindruck zu hinterlassen. Der Rest wird sich dann ganz von selbst ergeben.

Aufschlussreich ist auch, was man alles an der Supermarktkasse recherchieren kann. Denn dort öffnen die Menschen ja ihr Allerheiligstes, nämlich ihre Geldbörse. Zahlen sie mit EC-Karte, legen sie die Geldbörse sogar meistens offen auf den Kassentisch und packen schon mal alles ein, während die EC-Maschine noch am Rattern ist. Was Sie da alles sehen können! Kinderfotos, die geliebte Frau ... Kein Single, schade.

Wichtig ist die Recherche an der Kasse jedoch nicht für Sie, denn jetzt ist es zu spät: Hinter der Kasse kommt nur noch der Supermarktparkplatz, und man läuft auseinander. Als Kontaktbörse hat der Supermarkt jedenfalls eine 3 verdient!

70. Frage

Wie viel Erfolg hat man
mit der guten alten Kontaktanzeige?

Totgesagte leben länger. Das gilt auch für gedruckte Kontakt-
anzeigen. Heute wird ja nur noch übers Internet geredet. Es gibt
MySpace, Facebook, YouTube, studiVZ, Millionen von Chats
und virtuelle Partnerschaftsbörsen. Ist die gedruckte Zeitung
nicht schon längst von gestern?

Überhaupt nicht! Millionen Menschen lesen jedes Wochenende
als Erstes die Partnerschaftsanzeigen in ihrer Zeitung. Natürlich
nur, um sich kräftig darüber zu amüsieren (sagen sie jedenfalls).
»Frau, vorzeigbar in Jeans und Abendkleid …« »Gut situierter
Herr …« »Akademiker mit Niveau …« Und dann immer diese
Adjektive: »Junggeblieben«, »naturverbunden«, »humorvoll«
und »tolerant« ist sozusagen Mindeststandard der Singles, die
sich dort beschreiben. Wobei »tolerant« sehr oft ein versteckter
Hinweis auf merkwürdige sexuelle Vorlieben ist. Das muss man
erst einmal wissen, ebenso die Bedeutung von Abkürzungen wie
NT, NR, ki-lieb und v-schlank.* Es sind immer noch die gleichen
Sprüche wie vor 30 Jahren: Im Partnerschaftsanzeigenteil ist die
Zeit irgendwie auf liebenswerte Weise stehen geblieben.

Es macht Spaß, in den Anzeigen zu stöbern. Und wenn man 60
oder älter ist, kann man in Rubriken wie »Sie sucht ihn« oder »Er
sucht sie« auch durchaus interessante Leute kennenlernen. Für
Jüngere ist das aber eher nichts. Im Übrigen wird dort gelogen,
was das Zeug hält. Die »in Jeans und Abendkleid vorzeigbare«
Frau muss man sich mit hoher Wahrscheinlichkeit erst einmal

---

* *Nichttrinker, Nichtraucher, kinderlieb, vollschlank*

174

schöntrinken. »Gut situiert« ist äußerst relativ, wie man rasch feststellen wird. Und der »Akademiker mit Niveau« hat nichts im Kopf als schnellen Sex; außerdem redet er die ganze Zeit nur von sich selbst und davon, wie toll er ist. Übrigens verbirgt sich nicht hinter jedem »Akademiker« ein Arzt! Auch ein selbstständiger Elektromeister, der mal eine technische Fachhochschule besucht hat, darf sich so nennen*. Was die Abkürzungen angeht, stellt sich eine interessante Frage. Wer so sehr auf die Zeilenzahl achtet, dass er »Nichtraucher« mit »NR« abkürzt: Wie geizig ist der denn sonst?

Wenn Sie auf diesem Markt einen Single treffen möchten, dann entwerfen Sie doch mal selbst eine Kontaktanzeige! Aber die muss sich deutlich von allen anderen abheben, und Sie sollten auf alle Abkürzungen verzichten. Sehr großen Erfolg (mit über 300 Zuschriften) hatte Silvia G. (42), eine Lehrerin aus dem Raum Kassel. Sie zählte in der Anzeige alle schlechten Eigenschaften auf, die ihr bei sich selber einfielen. Das waren ziemlich viele. Sie schilderte sich als intolerant, eigennützig, ungeduldig und schludrig, und sie vergaß auch ihre zu laute Lache nicht. Natürlich erwähnte sie ihre beginnende Zellulitis und klagte über ihre widerspenstigen Haare. Den Männern schien das zu gefallen. Und es waren keine schlechten Männer dabei.

Denselben Trick wählte Dieter B., ein 52-jähriger kaufmännischer Angestellter aus Castrop-Rauxel. Der machte in seiner Anzeige (sie erschien erst kürzlich in einer großen Wochenzeitschrift) keinen Hehl daraus, dass er zu viel trinkt und mehr Falten hat als Volker Lechtenbrink. Natürlich sei er Raucher, und zwar leidenschaftlich. Drei Scheidungen seien ja wohl kein Problem, schrieb er frech. Geld habe er natürlich auch nicht. Und das Größ-

---

* *Nichts gegen Elektromeister. Aber die meisten Frauen schreiben an Akademiker, weil sie sich einen Chefarzt erhoffen*

te für ihn sei, die *Sportschau* zu gucken. Er wolle nicht viel reden usw., aber er suche – *dich*. Bingo! Auch dieser Inserent konnte sich wenig später vor Zuschriften kaum noch retten.

Ziemlich einfallslos ist es, wenn man so wie alle anderen eine Chiffre-Anzeige aufgibt. Viel erfolgreicher wird die Anzeige sein, wenn man sich ein Extra-Handy mit eigener Nummer nur für diesen Anlass zulegt (fast jeder hat doch irgendwo noch ein altes Handy herumliegen, und man kann sich ja eine Prepaid-Karte besorgen). Jetzt lässt man die ganzen Interessenten auf den AB sprechen und hört schon mal ihre Stimme. Natürlich hat man den AB mit einer Ansage versehen, die zum Thema passt und die den Anrufern schon mal etwas Mut macht. Wen man zurückruft, das entscheidet man dann selbst. Die Chiffre-Anzeige ist jedenfalls total out! Insgesamt kriegt die Kontaktanzeige eine glatte 3.

8. Kapitel

Die Singles und das Internet

71. Frage

Sind gute Chatter auch gute Typen?

Als man sich noch richtige Briefe mit der Hand schrieb, konnte der Empfänger wenigstens anhand der Schrift erahnen, um was für einen Menschen es sich bei dem Unbekannten handelt. Beim Chatten können Sie allenfalls feststellen, ob jemand a) schnell denken kann, b) die deutsche Sprache einigermaßen beherrscht, c) über einen gewissen Wortwitz verfügt und sich d) mit Kommata auskennt. Trifft all das zu, wären es natürlich schon mal eine Menge Pluspunkte. Die Mehrheit der Bevölkerung denkt langsam, schreibt fehlerhaft, hat den Wortwitz einer Plastiktüte und streut die Kommata mit dem Salzstreuer über den Text. Mehr allerdings sagen die Chatter-Qualitäten nicht über einen Menschen aus. Nicht einmal ein Foto, das Sie sich zuschicken lassen, muss echt sein. Es wird nirgendwo so viel gelogen wie im Internet. Das ist das Einzige, worauf Sie sich verlassen können.

Die meisten Chats sind ja themenbezogen. Das gilt zumindest für die interessanten Chatrooms. Da treffen sich Hunde- oder Häkelfreunde, Extremsportler, Hobbyköche und und und. Der Vorteil ist: Man hat schon mal eine gemeinsame Interessenlage. Aber auch das sagt noch nichts über denjenigen aus, den Sie dort treffen und vielleicht näher kennenlernen möchten. Sie werden sich deshalb im Laufe der Zeit zum »Internet-Psychologen« entwickeln. Wenn jemand zum Beispiel täglich ab 19 Uhr im Chatroom ist und ihn kaum einmal vor Mitternacht verlässt, können Sie daraus auf eine gewisse soziale Kontaktarmut »in real life«[*] schließen, die sicher ihren Grund haben wird. Wenn sich jemand

---

[*] *abgekürzt IRL*

in jedes Thema einmischt, quasi zu allem etwas zu sagen hat und gern auch mal andere Chatter zurechtweist, schließt das auf eine gewisse Oberlehrermentalität, die sich IRL als beziehungshemmend herausstellen könnte.

Wer im Live-Chat einen Eintrag verfasst und keine Reaktion darauf bekommt, wird von den anderen Chattern ignoriert – er oder sie ist also ganz besonders dankbar, wenn Sie sich mit ihm oder ihr unterhalten. Sie werden auch schnell begreifen, dass Sie sich mit den Leader-Figuren im Chat »anfreunden«* sollten, um möglichst rasch eine von allen beachtete Chat-Stimme zu werden. Nur eines sollten Sie niemals tun: Glauben, dass jemand IRL wirklich so ist wie im Chat. Denn sonst steht die nächste Enttäuschung schon vor der Tür.

---

* »Anfreunden« im Chat hat natürlich nichts mit wahrer Freundschaft IRL zu tun.

Sollte man lieber chatten oder auf die Piste gehen?

Wir haben speziell zu diesem Thema 835 Singles befragt, die auch schon einmal vor dieser Alternative standen. Nur 17 Prozent von ihnen sagen rückblickend, dass sie im Chat interessanteren Menschen begegnet sind als auf der Piste.

Weitere 24 Prozent hatten dazu keine Meinung, da sie weder im Internet noch auf der Piste interessante Leute kennengelernt haben. Es bleibt dennoch eine stattliche Mehrheit, die der Meinung ist: Chatten kann den direkten Kontakt mit all den herkömmlichen Problemen und Misserfolgen, die man da draußen auf der Straße nun einmal in Kauf nehmen muss, keinesfalls ersetzen.

»Drei Jahre habe ich gechattet und meine Freundin habe ich dann in der Eckkneipe kennengelernt, als mein Computer abgestürzt war« (Lars K., 31, Einzelhandelskaufmann aus Lemgo). »Im Chat treiben sich zu viele Spinner herum. Außerdem sieht man die ja nicht. Ich gehe nur noch selten ins Net, weil ich diese Scheinwelt hasse« (Ina M., 42, Kindergärtnerin aus Starnberg). »Chatrooms sind verführerisch, weil man sich da eine neue Identität geben kann. Aber mit dem richtigen Leben hat das nichts zu tun und wer sich darauf verlässt, verplempert letztendlich nur seine Zeit« (Thomas R., 33, Kfz-Mechaniker aus Husum). »Ich bin schon mal auf einen Typen reingefallen, der im Chat die große Nummer war. Nach vier Wochen haben wir uns verabredet und auf der Mitte getroffen, das waren für mich immerhin 200 km mit dem Auto. Ich muss sagen, dass ich noch nie so enttäuscht von jemandem war – bin noch in derselben Nacht die 200 km wieder zurückgefahren« (Simone P., 24, BWL-Studentin aus Hannover).

Wie so oft, gibt es auch bei diesem Thema keine klare Antwort, sondern nur ein »Sowohl-als-auch«. Natürlich gibt es die Chance, in einem Chatroom den absoluten Traum-Single zu finden. Aber sie ist gering. Chats sind nicht nur die Foren der modernen Kommunikation. Sondern sie sind auch eine Art Theaterbühne für Menschen, die sich normalerweise kaum auf die Straße trauen. Verklemmte Psychopathen blühen auf im Chat. Unförmige Menschen mit niedrigem IQ und keinerlei Selbstvertrauen mutieren im Chat zu geschickten Manipulatoren. Wer sich nicht einmal alleine in die kleine Kneipe an der Ecke traut, gibt im Chat den großen Verführer. Wer nichts zu bieten hat, kann mithilfe der Tastatur, verborgen hinter der verlockenden Anonymität des Bildschirms, aus seiner eigenen traurig-gescheiterten Existenz für einige Stunden einen Star machen. Hier die Spreu vom Weizen zu trennen ist für Sie fast unmöglich. Darum ist die Antwort klar: Gehen Sie lieber zehnmal in die kleine Kneipe an der Ecke als einmal in den Chat. Gute Singles sind ohnehin rar, aber im Chatroom werden Sie ihnen kaum begegnen.

Treiben sich viele Singles
bei Facebook und sonst wo herum?

Natürlich nicht, sagen die Singles. Wir sind doch nicht bei Facebook, um jemanden fürs Leben kennenzulernen! Dort knüpfen wir unsere beruflichen Kontakte, wir treffen ständig andere nette Leute, und man kann bloß staunen, wer wen alles kennt und wie klein die Welt doch ist! Nur dazu sind Facebook und die ganzen anderen vergleichbaren Internetforen da. Partnerschaftsbörsen sind das keinesfalls.

Aber das ist nicht die reine Wahrheit. Der Mensch betrügt bekanntlich niemanden so gern wie sich selbst. Unbewusst ist der Single nämlich immerzu auf der Suche nach neuen Kontakten – ganz egal, woher er die kriegt. Jeder Single hätte gern einige Freunde mehr, als das ungerechte Leben ihm beschert hat.

Nicht zufällig werden Leute, die man dem eigenen Bekanntenkreis auf Facebook hinzufügen kann, »Freunde« genannt. Obwohl das Wort doch eigentlich überhaupt nicht passt. »Möchtest du Paul als FreundIn hinzufügen?«, wird der Single gefragt. Schon klickt er auf »ja«, weil er sich nämlich nach »Freunden« sehnt. Wer 50 oder 100 »Freunde« hat, ist noch nicht so richtig beliebt. 300 sind hingegen nicht schlecht. Und müsste theoretisch nicht unter den ersten 1000 »Freunden« jemand sein, der zu einem passt? Also sammelt der Single »Freunde« wie andere Leute Briefmarken.

Das alles tut der Single natürlich nicht bewusst. Aber es ist psychologisch gar nicht schlecht gemacht. Das System gaukelt dem Single äußerst erfolgreich vor, dass er tatsächlich im Internet »Freunde« finden kann. Und deshalb darf man getrost die These wagen, dass es auf diesen »Wer-kennt-wen«-Portalen eine höhere

Anzahl von Singles gibt, als man statistisch betrachtet IRL kennenlernen kann.

Die Antwort auf die Frage über diesem Kapitel heißt also: Nicht jeder auf Facebook ist ein Single! Aber jeder einigermaßen zeitgemäße Single treibt sich auf Facebook oder einer vergleichbaren Website herum. Natüüüürlich nicht, um dort einen Partner kennenzulernen.

Es ist ja auch ideal, es ist großartig und vor allem: Es ist so herrlich unverfänglich! Warum soll man nicht Kontakt zu dem niedlichen Exexfreund der ehemaligen Schulfreundin aufnehmen, mit der man sich vor 18 Jahren auf der 700 km entfernten Realschule total zerstritten und von der man niemals wieder etwas gehört hat? Gibt es da nicht vielleicht Gemeinsamkeiten? Und schau mal einer an, wen der eigene Ex alles kennt bzw. als »FreundIn« in seinem Network hat! Ha: Alles Schlampen, oder?

Darf man fremden Singles eine Mail schicken?

Nur, wenn es irgendeinen Anlass dafür gibt. Der jedoch darf total fadenscheinig sein, und er wird sich ganz bestimmt finden lassen! Singles kriegen gerne Mails von Unbekannten. Nur eben nicht mit dem plumpen Betreff »Möchte dich gern mal kennenlernen«: So ein Spruch gehört eindeutig auf die »No-go-Liste«. Bitte erst ein bisschen recherchieren und einen *Anlass* für die Mail finden:

Hat der Single vielleicht ein Hobby? Kriegt man das im Internet raus, hat man einen sehr guten Ansatzpunkt. Gibt es gemeinsame Bekannte? Dann weiß man spontan, was man zu schreiben hat. Verrät der Single im Internet, wo er gerne Urlaub macht? In diesem Fall gibt er bestimmt auch gerne Tipps an Unbekannte weiter!

Übrigens sollte man sich eine seriöse Mailadresse zulegen, also nicht heisse-maus@gmx.de, sondern lieber andrea-meyer@gmx.de. Man duzt auch nicht gleich im ersten Mailkontakt, sondern man siezt. Allerdings darf man die Mail – sagen wir mal, sie ist für Jens Müller bestimmt – mit »Hallo Jens« beginnen, was schon mal eine gewisse unverfängliche Vertrautheit herstellt. »Sehr geehrter Herr Müller« wäre kontraproduktiv, weil Jens Müller dann auch mit »Sehr geehrte Frau Meyer« antworten würde, und daraus wird garantiert nix. »Hallo Andrea« klingt doch schon viel besser. In der ersten Mail an einen fremden Single verrät man übrigens natürlich noch nicht, dass man selber ebenfalls Single ist. Man kann aber getrost einen Link auf das eigene Profil im Internet hintendran hängen, so, als wenn dieser Link automatisch mit jeder Mail versandt wird. Und den Jens immer direkt ansprechen! Also nicht: »Ich würde mich über eine Antwort sehr freuen« (wieso eigentlich im Konjunktiv?), sondern: »Ich freue mich schon auf Ihre Antwort.« In der zweiten Mail darf man Jens dann gleich duzen.

Ach je: Es gibt so viele kleine psychologische Tricks, wie man das Interesse von fremden Singles wecken kann. Und auch das Interesse von Menschen, die gar keine Singles sind, die man aber trotzdem näher kennenlernen möchte. Stellen wir uns einmal vor, dass besagter Jens Müller laut seinem Profil im Internet Dampfloks von Märklin sammelt, und zwar scheint er auf die Spur HO spezialisiert zu sein. Wie leicht ist es, über Google alles, aber auch alles über Märklin-Dampfloks der Spur HO herauszufinden und mit einer fundierten, wenn auch vorgetäuschten Sachkenntnis zu brillieren! »Übrigens, dieser eBay-Link könnte dich interessieren« ist für viele Märklin-HO-Dampflok-Liebhaber spannender als guter Sex. Sie fahren voll drauf ab. Und stellen Sie sich einmal vor, dass der Dampflok-Fan dank Ihrer Mithilfe genau diejenige Lok der Baureihe 001 findet, die ihm seit Jahren in seiner Sammlung fehlt: bingo. Er wird Sie mindestens zum Essen einladen wollen.

Wenn Sie aber gar nichts über die Vorlieben des (noch) unbekannten Singles wissen, können Sie ihm oder ihr natürlich trotzdem eine Mail schicken. Viel passieren kann ja nicht. Schlimmstenfalls bekommen Sie keine Antwort. Sie gehen aber auch kein so großes Risiko ein wie in der Bar, wenn Sie einen total Unbekannten ansprechen. Das Internet und speziell die E-Mail sind wirklich hilfreich, um neue Kontakte zu knüpfen. Je mehr Kreativität und Fantasie Sie investieren, desto besser ist es.

Übrigens brauchen Sie dringend Ihre eigene Website. Sie haben keine? Das geht gar nicht. Erst Ihre Website ermöglicht es dem unbekannten Single, etwas über Sie zu erfahren, ohne dass Sie es selber schreiben müssen. Entscheiden Sie sich für ein Programm, das Sie ständig (zur Not minütlich!) selbst verändern können. Einige Fotos (hier sollten Sie richtig Geld ausgeben, also sich professionell in Szene setzen lassen) und einige witzige Texte (na ja, so witzig, wie es eben geht), vielleicht ein kleines Tagebuch (das kommt immer gut, weil man da auch so ganz nebenbei die eigenen Sehnsüchte und Wünsche verpacken kann), etwas Lyrik, wenn Sie gerne schreiben, vielleicht Ihre Lieblingskochrezepte, einige Fotos von Ihrem Zuhause, frische Bilder von Ihrer Katze, Links zu Ihren Lieblingsseiten im Net, ein amazon-Hinweis auf Ihr Lieblingsbuch, und schon gibt es Gesprächsthemen ohne Ende. Ihre Website gehört dann natürlich in den Standard-Text am Ende von jeder Ihrer Mails. Da steht dann also: E-Mail: andrea-meyer@gmx.de, Sie finden mich im Internet unter: www.andrea-meyer.de. Schon klickt der schöne unbekannte Single Ihre Website an. *So* macht man das.

Sind die vielen superschönen
Osteuropa-Frauen im Internet wirklich echt?

Nö. Das ist die heftigste Fake-Veranstaltung, seit es das Internet gibt. Aber machen Sie selbst den Test. Vorab jedoch diese Bemerkung: Die Frage aus der Überschrift interessiert naturgemäß nur Single-*Männer*. Es ist kaum anzunehmen, dass sich eine Single-*Frau* im Internet einen Mann gezielt aus Osteuropa sucht. Sondern es herrscht speziell bei Single-*Männern* die Meinung vor, dass sie sich mit osteuropäischen Frauen eine Menge Stress ersparen könnten, den sie mit deutschen Frauen ständig haben. Das ist halt so. Deutsche Frauen widersprechen einem, und Frauen aus Europas Osten sind pflegeleichter. Klingt krank, ist krank, aber Männer denken so.

Zig tausende deutsche Single-Männer glauben deshalb, dass sie ihr Glück in Osteuropa finden könnten. Natascha aus Minsk, süße 23 Jahre jung, Lehrerin, leider mittellos, aber lieb und anschmiegsam, lange blonde Haare, wunderschön anzusehen, sooo allein, spricht *gutt deutsch,* würde auch sofort überall hinkommen, um selbst den dämlichsten deutschen Deppen kennenzulernen (Letzteres sagt sie natürlich nicht so direkt, aber sie scheint doch für alles und jeden offen zu sein): Könnte man da nicht mal eine Mail hinschicken? Viel kostet die Teilnahme in solchen Foren nicht; man ist mit ein paar Euro im Monat sozusagen auf die Crème de la Crème der osteuropäischen Frauen-Elite abonniert und hat die theoretische Wahl zwischen wöchentlich ein paar hundert neuen Frauen, die allesamt wunderschön und vor allem Singles sind. Das kann süchtig machen, und jede Menge Männer verbringen wöchentlich bis zu 30 Stunden im Internet, nur um ihre Traumfrau aus Sibirien oder Usbekistan zu finden.

Na, super. Schreiben Sie mal hin. Es kann ein sehr spannender E-Mail-Kontakt werden. Natascha scheint von Ihnen begeistert zu sein. Endlich ein deutscher Mann, der ehrlich und aufrichtig ist! Und wie niedlich sie ihre Deutschkenntnisse einsetzt!

Doch irgendwann ... irgendwann ... irgendwann möchten Sie Natascha auch mal *persönlich* kennenlernen. Wie schön wäre es doch, wenn Sie schon nächste Woche erwartungsfroh in der Ankunftshalle des Flughafens mit einer roten Rose stehen und die Grazie aus Minsk in Ihre Arme schließen könnten! Danach würden Sie das niedliche Wesen sofort zu Ihrem Lieblingsitaliener und nach einer romantischen Pizza (kennt sie doch gar nicht, oder gibt's vielleicht eine Pizzeria in Minsk?) in Ihre Anderthalb-Zimmer-Single-Wohnung locken. In Minsk leben die doch mit sieben Leuten auf einem Wohnklo ... Und Sie kennen inzwischen sogar schon Nataschas Oma aus den vielen reizenden Mails. Also eigentlich gehören Sie fast schon zur Familie.

Natascha scheint die gleichen Bedürfnisse zu verspüren wie Sie. Allzu gerne würde sie sofort den nächsten Flug buchen. Wenn da nicht dieses winzige finanzielle Problem wäre, also: Natascha hat leider keine Kohle fürs Ticket, das mal eben 800 Euro kosten soll. Und darum kann Natascha leider weder nächste Woche noch übernächste kommen, denn sie sitzt da fest in Minsk und wird sich wahrscheinlich einem sibirischen Schafhirten an den Hals schmeißen müssen, um wenigstens ein Dach über dem Kopf zu haben. Weckt das nicht Ihren Beschützerinstinkt?

800 Euro sind eine Menge Geld. Auch für Sie. Natascha ist das furchtbar unangenehm, und sie wird es auch bestimmt sofort zurückzahlen, sobald sie einen Job hat. Aber wenn Sie ihr diese 800 Euro schicken würden, dann wäre sie schon nächste Woche da. Und es stände der Pizza und allem, was nach der Pizza käme, nichts mehr im Wege. Na gut. Schon am nächsten Morgen stehen Sie am Hauptbahnhof in einem dieser kleinen Finanz-Trans-

aktions-Läden, wo man Geld nach Sibirien oder nach Minsk schicken kann, und zahlen die 800 Euro ein. Fürs Ticket, klar. Und Sie hören niemals wieder etwas von Natascha.

Sooo leicht aber geben Sie nicht auf. Sie haben nun schmerzlich erkannt, dass Natascha, die Süße, vermutlich ein *Fake* ist. Irgendwo im fernen Osten sitzt ein Typ, der sich gerade scheckig lacht über Sie und die ganze Zeit auf Natascha gemacht hat. Bis Sie die Kohle rausgetan haben. Also beschweren Sie sich bei dem Internetanbieter, der diese wunderschönen russischen Frauen im Angebot hat. Der schreibt Ihnen auch prompt zurück: Das tut ihm aber wahnsinnig leid, und natürlich wird Natascha sofort gesperrt! Es gibt sogar *Blacklists,* auf denen lauter geprellte deutsche Männer lauter wunderschöne angebliche Russinnen als Fake outen. Für Sie kommen diese Blacklists leider zu spät. Die 800 Euro sind futsch. Vermutlich kennen Sie keinen russischen Mafioso, der sofort in Minsk zu der angegebenen Adresse fährt und dort Ihre 800 Euro mit der gezückten Knarre eintreibt. 800 Euro auf dem Konto »Wieder was gelernt«. Ach, übrigens: Es gibt tatsächlich Männer, die im Internet ihre russische Traumfrau kennengelernt haben … Und die war echt … Aber die Regel – die Regel ist das nicht.

Sind im Akademiker-Single-Chat wirklich nur Akademiker-Singles?

Ach, das dürfen Sie nicht so verbissen sehen! Was zählt denn heutzutage noch ein akademischer Titel, wo doch jeder Idiot alle Weisheit dieser Welt mit wenigen Klicks zu seinem geistigen Eigentum machen kann? Und was zählt ein Doktor vorm Nachnamen, wenn er zu einem egozentrischen Choleriker gehört? Es ist vollkommen egal, ob sich im Akademiker-Single-Chat wirklich nur Akademiker-Singles herumtreiben. Viel wichtiger ist die Frage, *warum* sich Menschen überhaupt in so einem Pseudo-Eliten-Portal anmelden. Und das stimmt nun wirklich sehr bedenklich, ja: In ihrem Kopf sollten da die Alarmglocken schrillen.

Zunächst einmal ist die Zielgruppe dieser Portale etwas älter. Das an sich ist ja noch nicht schlimm. Auch ältere Singles haben ein Recht darauf, vermittelt zu werden. Aber was für eine Geisteshaltung mag wohl dahinterstecken, wenn ein Akademiker-Single unbedingt einen anderen Akademiker-Single kennenlernen möchte? Was, bitte schön, sagt denn ein akademischer Grad über den Menschen aus, zu dem er gehört? Und glauben Sie vielleicht, dass ein Mensch mit Staatsexamen irgendwelche Vorzüge hat, verglichen mit einem Menschen ohne Staatsexamen?

Ein Akademiker, so wird vermutet, hat *per se* viele geistige Interessen, die man selber auch hat. Er (oder sie) geht gern in klassische Konzerte, liebt das Theater und liest hin und wieder ein Buch, über das man dann mit ihm diskutieren könnte. Super? Nein. Ein Single, der schon mal von vornherein andere Singles ausschließt, weil sie keine Akademiker sind, den kann man getrost vergessen.

Man wird im Akademiker-Single-Chat (um die Frage aus der Überschrift zu beantworten) nicht nur Akademiker treffen, sondern eine ganze Menge Spinner. Hier ist die Gefahr, enttäuscht zu werden, besonders groß.

Hochstapler und Möchtegerns, Erbschleicher, Heiratsschwindler und andere Betrüger fahren voll auf solche Portale ab. Ganz klar: Hier wird Geld vermutet. Äußerste Vorsicht ist angesagt. Man kann sich sogar rückversichern und die Examensbescheinigung verlangen, aber auch die kann gefälscht sein. Im Grunde ist man selber leicht geschädigt, wenn man im Internet gezielt nach einem Akademiker-Single sucht. Tausendmal lieber einen lernfähigen Klempner als einen selbstverliebten Exchirurgen! Fallen Sie bitte nicht auf solche Angebote im Internet herein. Geben Sie kein Geld aus für die vage Hoffnung auf einen Single »mit Niveau«. Wenn er Niveau hätte, wäre er nicht hier.

Alles einseitig dargestellt, zwar untermauert durch viele Interviews und Erfahrungsberichte, aber doch vielleicht etwas ungerecht. Da hat sich nun die 54-jährige Witwe Karin B. (ihr leider viel zu früh verstorbener Mann hatte ein kleines pharmazeutisches Forschungslabor in Hamburg) nach Ablauf des Trauerjahrs dazu entschlossen, »auf diesem Wege« (wie man so schön verschämt zu formulieren pflegt) einen Partner zu suchen. Die Kinder raten ja auch dringend dazu: »Mama, du brauchst einen neuen Mann.« Mama will durchaus, aber doch nicht irgendeinen niveaulosen Deppen! Also meldet sie sich (Internet hat sie schon) in einem Akademiker-Portal an und hofft, dass sie dort vielleicht ihr zweites Glück finden wird. »Ich hatte gleich das Gefühl: Hier geht es nur um dein Geld«, erzählt sie rückblickend. »Ob die anderen Singles wirklich alle echt waren, das weiß ich nicht. Diese Chatrooms gehören meistens zu einer Partneragentur, wo man ein persönliches Profil erstellt und dann bestimmte angeblich passende Männer zugewiesen oder vermittelt bekommt. Mit einigen habe ich mich dann auch getroffen, aber es war alles nichts. Das Niveau im Chatroom war nicht so, wie ich mir das erhofft hatte: Also eigentlich war es ziemlich belanglos. Da war keiner, der mich wirklich emotional angesprochen hätte. Ich habe mich da bald wieder abgemeldet. Den richtigen Partner habe ich auch nicht im Internet gefunden, sondern – es klingt komisch, ich weiß – auf der Straße: Er ist zehn Jahre älter als ich, auch verwitwet, und er hat sich umgedreht, um seinem Enkel zuzuwinken. Dabei hat er mich umgerannt, und nun waren wir schon zweimal zusammen einen Kaffee trinken. Er ist übrigens kein Akademiker …«

77. Frage

Suchen die Partnervermittler einem wirklich jemanden raus, der passt?

Es gibt nur einen Unterschied zwischen Partnervermittlungen so wie früher, wo man mit schweißnassen Händen im Büro saß und die Vermittlerin auf der anderen Seite des Schreibtisches einen streng musterte, und der heutigen Partnersuche im Internet, und der Unterschied besteht darin: Heute hat man keine schweißnassen Hände mehr, weil man bequem zu Hause am Computer sitzt.

Im Übrigen ist es so wie früher: Die Vermittler haben das Eurozeichen im Auge und möchten ihr vertraglich vereinbartes Soll so schnell und kostengünstig wie möglich erfüllen. »Wir garantieren …« – Sätze, die so anfangen, bedeuten: »Wir fertigen Sie so schnell wie möglich ab.« Partnervermittler im Internet sind wirtschaftlich knapp kalkulierende Unternehmen, der Markt ist eng, die Konkurrenz ist groß, und Personal ist teuer. Diese Agenturen können Ihnen gar niemanden vermitteln, der »passt«. Weil sie von Ihnen ja nur das wissen, was Sie von sich preisgeben. Größe, Gewicht, Hobby, Vorlieben, welche Bücher Sie gern lesen und wohin Sie gern in Urlaub fahren. Alles lächerlich! Man könnte beinahe pauschal sagen: Alles Besch…! Obwohl es natürlich durchaus hin und wieder Menschen gibt, die ihren »Traum-Single« via Internet-Partnerschaftsberatung gefunden haben.

Die virtuellen Fragebögen der Partneragenturen sind ziemlich umfangreich. Postleitzahl und Körpergröße, Alter und Gewicht, ob man Kinder hat und fremde akzeptieren würde, was man so verdient und was man vom Rauchen hält, all das scheint für die Auswahl des richtigen Partners ziemlich wichtig zu sein. Ist es natürlich nicht. Denn wo der Blitz einschlägt, ist das alles vollkommen uninteressant.

Völlig daneben ist die Systematik der Fragebögen. Sie geht nämlich davon aus, dass sich »gleich und gleich« gern gesellt. Es wird nach Übereinstimmungen der potenziellen Partner gesucht. Je höher diese Übereinstimmung, desto besser sollen die beiden zusammenpassen. Aber genau das widerspricht sämtlichen wissenschaftlichen Erkenntnissen über das Funktionieren einer Partnerschaft, und der praktischen Lebenserfahrung widerspricht es auch. Da soll man zum Beispiel ankreuzen: »Es fällt mir schwer, Kritik zu äußern« (a: trifft zu, b: trifft manchmal zu, c: trifft niemals zu). Sie sagt: a. Er sagt: a. Bingo, Übereinstimmung beim Thema »Kritik äußern«! Aber passen diese beiden denn nun wirklich zusammen? Er kann nicht kritisieren, sie kann nicht kritisieren, also werden die beiden niemals erfahren, was sie aneinander stört.

»Ich handele stets überlegt.« Sie sagt: Trifft zu. Er sagt: Trifft zu. Da finden sich zwei, die niemals miteinander irgendetwas Spontanes unternehmen werden, weil nämlich beide total kopfgesteuert sind! »Ich bin selten verlegen.« Sie sagt: Trifft niemals zu, weil sie nämlich richtig verlegen ist. Er kreuzt dasselbe an. Na, da treffen sich aber zwei! Die sind so verlegen, dass sie wahrscheinlich erst nach Jahren zur Sache kommen. Tja, und dann soll man noch ankreuzen: »Ich bin nicht besonders fröhlich.« Wenn sich zwei »nicht besonders fröhliche« Menschen treffen, wird wahrscheinlich gleich beim ersten Date richtig viel gelacht, nicht wahr?

Dass man auf diesen Internet-Partnerschaftsbörsen gar niemanden vermittelt bekommt, ist relativ unwahrscheinlich. »Tut mir leid: Für Sie haben wir keinen. Sie sind einfach nicht zu vermitteln« – es hat noch niemand diese Antwort bekommen, sondern natürlich sind da immer mindestens zwei bis drei im Net präsent, mit denen man wenigstens zu 70 Prozent übereinstimmt. Das ist ganz lustig zu erleben. Aber wenn es anfängt, Geld zu kosten, sollten Sie sich wieder verabschieden. So sparen Sie eine Menge Kohle!

Was bedeutet das, wenn ein Single viele »Freunde« im Internet hat?

In den zahllosen Netzwerken im Internet werden selbst die flüchtigsten Bekannten über drei Ecken gern als »Freunde« bezeichnet. Das bedeutet jedoch nicht, dass jemand besonders viele Freunde hat. Nur kennt er eben eine Menge Leute, die wiederum jemanden kennen, und aus irgendeinem Grund, den man meistens selber nicht kennt, wird er gern der eigenen »Freundesliste« hinzugefügt.

Das besagt zunächst einmal gar nichts. Wer sich viel in diesen Netzwerken herumtreibt (was ja in der Praxis bedeutet: Der hat sonst nix zu tun in seiner Freizeit), der wird ziemlich schnell auch ziemlich viele »Freunde« in den Netzwerken haben. Da muss man also schon mal kritisch fragen, ob der Single vielleicht gewisse Berührungsängste mit dem »real life« hat und stattdessen lieber die virtuelle Welt seine Heimat nennt. Das wiederum könnte auf eine gewisse Beziehungsunfähigkeit schließen lassen.

Beobachten Sie die Menschen doch mal, wie sie heute drauf sind: Viele, vor allem jüngere, gucken mehr auf ihr iPod oder demnächst auf ihr iPad als den Leuten auf der Straße ins Gesicht. Ein gemütlicher Kaminabend mit 30-jährigen Gästen anlässlich eines Geburtstages besteht heute weitgehend darin, dass das WLAN des Gastgebers unter der Last der mitgebrachten iPhones und Laptops ächzend immer langsamer wird und am Ende sogar kapituliert. Man schaut sich nicht mehr nach Sonderangeboten um, sondern man hat eine »App« dafür, die einem das Umschauen erspart. Man braucht keine Ortskenntnis mehr, sondern das iPhone navigiert einen blind überall hin, und am Ende weiß man überhaupt nicht mehr, wo man eigentlich ist. Völlig Unbekannte möchten einen gern ihrer Freundesliste hinzufügen, und man hat kaum eine Ahnung, wer sich dahinter verbirgt. Aber man klickt erst einmal auf »Ja« und erklärt sich damit einverstanden, dass er oder sie künftig zu den sogenannten »Freunden« gehört. Weil nur der etwas gilt, der über eine beträchtliche »Freundesliste« verfügt.

Das Internet hat uns neben vielen unbestreitbaren Vorteilen auch einige Probleme gebracht. Eines davon ist der totale Verfall von Werten. »Wissen« zum Beispiel wird nicht dadurch wertvoller, dass es plötzlich für jeden verfügbar ist, sondern es wird beliebiger und wertloser: weil Wissen keine Anstrengung mehr voraussetzt, wenn es allseits verfügbar ist. Das Wort »Freund« in seiner ursprünglichen Bedeutung verfällt wie eine weiche Währung, weil sich plötzlich ein jeder zum »Freund« erklären darf – ohne den geringsten Anspruch an alles, was man unter dem Begriff »Freundschaft« noch vor einigen Jahren verstanden hat. Wir sind auf einem ganz gefährlichen Weg. Wir müssen nichts mehr wirklich lernen und hart erarbeiten, weil wir das notwendige Wissen via Wikipedia auf dem silbernen Tablett kostenfrei und lernbefreit präsentiert bekommen. Wir müssen nicht mehr schauen, ob wir links oder rechts abbiegen sollten, weil unser iPhone uns diese schwierige Entscheidung abnimmt. Wir sparen dadurch sehr viel Zeit, aber leider auch das Wichtigste: die Mühe.

Mit den angeblichen Freunden, die Singles im Internet haben, ist es nun genauso. Das sind flüchtige Kontakte. Mehr nicht. Sie bedeuten nichts. Sie sind nicht wichtig. Diese vielen »Kontakte« lassen allenfalls Rückschlüsse darauf zu, dass der Single verdächtig viel Zeit im Internet verbringt.

Übertreiben alle Singles, wenn sie sich im Internet ihr »Profil« erstellen?

Wenn das Foto überhaupt echt ist, dann handelt es sich mit 99-prozentiger Wahrscheinlichkeit um den einmaligen Super-Profi-Schuss, den sonst niemand hingekriegt hätte und auf dem sich der Single selbst kaum wiedererkennt. Außerdem ist das Foto vielleicht alt, also bereits vor Jahren entstanden. Jedenfalls werden Sie kaum einen Single beim ersten »in real life«-Treffen aufgrund des Fotos wiedererkennen, mit dem er sich im Internet präsentiert. Was man über sich selbst preisgibt, also das eigentliche »Profil«, wird meistens vorgegeben, und das heißt: Da wird nach den Lieblingsbüchern gefragt, nach den Hobbys, Urlaubszielen usw., ferner (wie peinlich!) möchte das Internet wissen, ob man einen Partner sucht und wenn ja, ob Mann oder Frau.

Und so was geben die Leute von sich preis? Wen interessiert das, ob man gern Goethe liest oder Groschenromane? Kann man sich denn nicht auch dann mit einem Single gut verstehen, wenn seine Lieblingslektüre die Gebrauchsanleitung von seiner Motorsäge ist? Gibt es irgendwelche Hinweise auf eine Seelenverwandtschaft, wenn beide gern nach Mallorca fliegen?

Aber hier geht es ums »Übertreiben«. Sie müssen sich das so vorstellen, als wenn Sie ein Kind hätten und Sie sitzen nun beim Elternabend. Die Lehrerin sagt, dass Sie dem Kind keinesfalls bei den Hausaufgaben helfen dürfen. Denn nur, wenn Sie das lassen, kann sie den wahren Leistungsstand des Kindes beurteilen. Sagt sie.

Sie hingegen wissen genau, dass die Mutti links von Ihnen mit ihrem Kind jeden Tag mindestens drei Stunden Vokabeln paukt. Rechts sitzt eine, die hat ihrem Gör das letzte Referat komplett geschrieben und mit einer Dia-Show versehen, wo die Lehrerin mit den Ohren geschlackert hat (eine 1+). Wenn Sie jetzt Ihrem Kind überhaupt nicht helfen, eiert es künftig bei einer schlappen 4– herum und kriegt die Empfehlung fürs Gymnasium wahrscheinlich nie.

Sehen Sie: Eltern lügen sich was in die Tasche, und das ganze Internet lügt sich auch was in die Tasche. Kein Mensch schildert sich im Net so, wie er ist. Lug und Trug beherrschen die virtuelle Szene. Es gibt nur Leute, die voll gut drauf sind. In und angesagt. Hip und trendy. Szenig und sexy. Voll im Mainstream. Busy, aber entspannt. Hochintelligent und wahnsinnig schmusig. Wie bereits in einem vorigen Kapitel erwähnt, »vorzeigbar in Jeans und Abendkleid«, nur formuliert man das im Net nicht mehr so. Es ist aber genau der gleiche Schmus. Sinnentleert und traurig.

Ist überhaupt ein Single im Internet ehrlich?

»Natürlich!«, sagt der Single. Aber es ist seltsam: Jeder Single kennt einen anderen Single, der im Internet überhaupt nicht ehrlich ist. »Mein Kumpel hat sich glatt zehn Jahre jünger gemacht, aber ich würde das niemals machen. Bringt doch nichts« (Ingo, 54). »Meine Freundin hat ein Jugendfoto von sich reingestellt, da war sie 20 – und heute ist sie 42« (Beate, 44). »Meine Schwester ist Putze, das ist ja auch okay, aber im Internet liest sich das so, als wenn sie Managerin wäre und ihr der ganze Laden gehört« (Sabine, 32).

Weder im Chat noch beim Profil, weder bei der Selbstdarstellung noch bei den Kommentaren können Sie im Internet mit Ehrlichkeit rechnen. Es ist doch gerade das Schöne und Verlockende am Internet, dass jeder dort eine »Rolle« spielen kann! Das Internet verführt wie kein anderes Medium zum Schönreden und Übertreiben. Sie werden in keinem Lebenslauf den Hinweis finden, dass jemand schon einmal gefeuert worden ist. Keine Sekretärin wird sich auf Facebook »Sekretärin« nennen, sondern sie ist mindestens »Assistentin der Geschäftsleitung«, oder (besser) sie hat einen englischen Titel, der noch viel schöner klingt.

Denken Sie logisch: Gerade Singles, die mit ihrem Auftritt im Internet ein bestimmtes Ziel verfolgen (nämlich für andere Singles besonders interessant und attraktiv zu erscheinen), neigen zur Übertreibung. Sie sollten nichts davon für bare Münze nehmen, sondern lieber das Spiel mitspielen – oder gleich die Finger vom Internet lassen.

»Über drei Ecken habe ich auf Facebook eine Frau kennengelernt, die mir gleich ziemlich gut gefiel. Sie hieß Sylvia«, erzählt Sebastian (32), der als Steuerberater in Hamburg-Eppendorf arbeitet. »Sie hatte offenbar einen sehr guten Job, wirkte selbstbewusst und clever. Aussehen tat sie auch noch gut. Und wie witzig sie sich in ihren Mails ausdrücken konnte, also das war schon toll. Ich hab mich dann mit ihr in der ›Schramme‹ verabredet, das ist so ein Szene-Laden in Eppendorf, aber erst habe ich sie gar nicht erkannt. Und dann wurde es einer der langweiligsten Abende meines Lebens. Sie konnte sich überhaupt nicht ausdrücken, war total verklemmt und so ganz anders als im Internet. Ich will jetzt gar nicht über Äußerlichkeiten reden. Also dass sie vermutlich ein Jugendfoto von sich reingestellt hatte, ist für mich noch akzeptabel. Ich werde ja auch nicht jünger. Aber irgendwie war es doch eine Produktenttäuschung, wenn man so will. Die hatte sich im Internet voll cool präsentiert und stellte sich hinterher echt als graue Maus heraus! Und ich hab meine Zeit wirklich nicht gestohlen. Dann hat sie mir noch ein paar Mal auf den AB gequatscht, so, als wenn wir schon liiert wären. Dass der Abend so schön war und dass sie mich so vermisst usw. Hab nicht mehr zurückgerufen. Das war ein echter Flop.«

Betrug ist Teil des Systems, und im Grunde weiß das auch jeder. Es fällt aber immer wieder jemand drauf rein. Dem Internet kann man nicht trauen. Es ist nicht mehr oder weniger als eine Gauklerbühne, auf der jedes hässliche Entlein mit wenig Mühe zur Queen werden kann. Trauen Sie keinem Single, der im Internet ein »Volltreffer« zu sein scheint. Sie werden enttäuscht sein.

9. Kapitel

Wenn Singles in die Jahre kommen

81. Frage

Kann man einen alten Single noch ändern?

Wenn es schon so losgeht, sollte man es doch lieber gleich lassen. Ein alter Single ist schließlich kein Wohnzimmerschrank vom Trödelmarkt, den man neu anstreichen oder umlackieren kann. Aber die Antwort heißt trotzdem: Ja, natürlich kann man alte Singles ändern. Und zwar dann, wenn man die notwendige Vorsicht walten lässt.

Wenn man sich zum Beispiel als Frau einen alten Single geangelt hat (übrigens: was ist »alt«? 50 Jahre, 60 oder noch älter?), dann will man ihn ja nicht komplett ändern. Wenn das so wäre, hätte man doch erst gar nichts mit ihm angefangen. Es sind also wahrscheinlich einige Kleinigkeiten, Angewohnheiten, Absonderlichkeiten oder Macken, die der Frau nicht so gut gefallen. Und die möchte sie nun abstellen. Schauen wir uns diese Kleinigkeiten einmal in aller Ruhe an. Es gibt da eine Statistik, allerdings ist sie wissenschaftlich nicht abgesichert.[*]

Lesen Sie mal die Hitliste, was Frauen an älteren Singles so alles stört. Platz 10: *Besserwisserei.* Problem: Der Alte glaubt, dass er ihr ständig das Leben erklären muss. Heilungschance: Gering; wird wahrscheinlich so bleiben. Platz 9: *Kleinreden.* Problem: Der Alte macht die Frau ständig vor anderen klein, korrigiert sie und macht Scherze auf ihre Kosten. Heilungschance: Medium, hier hilft meistens eine lautstarke Auseinandersetzung unter vier Augen. Platz 8: *Unordnung.* Problem: Er lässt ständig etwas herumliegen, und sie soll es wegräumen. Heilungschance: Hoch. Ein-

---

[*] *Umfrage für dieses Buch, befragt wurden: 734 weibliche Singles mit einem mindestens 15 Jahre älteren Partner.*

fach seine Sachen liegen lassen, bis er sie selbst wegräumt! Platz 7: *Schnarchen.* Heilungschance: Gleich null. Kann man nix gegen machen. Platz 6: *Bindungsangst.* Problem: Single will zwar mit der Frau zusammen sein, sich aber keinesfalls endgültig binden (heiraten, zusammenziehen usw.). Heilungschance: Hoch. Man muss sich nur so rar wie möglich machen und dafür sorgen, dass der alte Single möglichst oft eifersüchtig ist. Platz 5: *Mangelnde Hygiene.* Problem: Der alte Single sitzt zum Beispiel gern im Unterhemd vorm Fernseher, oder er hasst Deos. Heilungschance: Medium. Immer wieder darauf ansprechen, ganz sanft und ohne Stress die passende Freizeitkleidung hinlegen und den Einsatz von körperlichen Pflegemitteln mit sofortigem Sex belohnen. Platz 4: *TV-Gewohnheiten.* Problem: Er guckt regelmäßig Sendungen, die man selbst für totalen Schwachsinn hält. Heilungschance: Gleich null. Irgendwann wird er auf seine TV-Liebe nicht mehr verzichten wollen und sich wieder in sein Schneckenhaus zurückziehen. Platz 3: *Eklige Angewohnheiten.* Problem: Er neigt zum Rülpsen, Furzen, Kratzen o.Ä. Heilungschance: Gut. Immer wieder darauf hinweisen, dass man so etwas nur im verschlossenen Badezimmer tut. Zur Not mit Liebesentzug reagieren. Platz 2: *Falsche Klamotten.* Problem: Er läuft am liebsten so rum, als hätten wir immer noch die 70er Jahre. Heilungschance: Gut. Nach und nach seine alten Klamotten entsorgen – aber so, dass er es nicht merkt! Und gleichzeitig für Nachschub sorgen. Platz 1: *Keine Lust auf Sex.* Problem: Bereits nach ein bis zwei Jahren lässt seine Lust auf Sex erheblich nach. Heilungschance: Gering. Denn sie wird sich noch einige Zeit anstrengen und immer wieder die Initiative ergreifen, aber irgendwann hat sie darauf auch keine Lust mehr. Dann schläft das Sexleben langsam ein, und das war's.

Sind Witwen und Witwer als Singles interessant?

Sie sind wahrscheinlich sogar das Beste, was einem passieren kann. Abgeklärt und ausgereift haben sie alles erlebt, auf was ein Mensch am Ende gern zurückschauen möchte. Sie haben ihre Erinnerungen und ihre Erfahrungen, ihre durchgestandenen Krisen und ihre überlebten Enttäuschungen. Jedes kleine Fältchen im Gesicht erzählt eine rührende Geschichte, und meistens überwiegen die Lachfältchen.

Wer schon einmal einen geliebten Menschen verloren hat, ist sehr bescheiden, was die Ansprüche ans große Glück angeht. Er ist auch viel eher bereit, Kompromisse zu machen. Tiefe Vertrautheit ist es, wonach sich der Witwer sehnt und was die Witwe wünscht. Kommt nun auch noch eine gewisse sexuelle Anziehungskraft hinzu, ist das Glück wohl perfekt. Aber auch ohne kann es »passen«.

Man glaubt es kaum, aber es stimmt: Auch wer einen geliebten Menschen verloren hat, kann sich noch einmal verlieben. Es ist durchaus nicht so, dass der Schatten des Verstorbenen auf alle Zeit das Leben verdunkelt oder dass die Erinnerung eine neue Liebe unmöglich macht. Man muss es nur schaffen, dass sich die Erinnerung ins frisch erblühende Glück integrieren lässt. So wie die zarte Hintergrundfarbe auf einem neu gemalten Bild: Ohne diesen Farbton würde das Bild gar nicht existieren. Aber es bestimmt keinesfalls das eigentliche Motiv.

Behutsamkeit, Einfühlungsvermögen, Geduld und die Fähigkeit zuzuhören: Das sind die Voraussetzungen, um ein glückliches Leben mit einem Witwer bzw. einer Witwe zu führen.

Sind ältere Single-Männer die besseren Väter?

Was dies angeht, so gibt es unterschiedliche Wahrnehmungen und Erfahrungen. Es ist natürlich ein körperliches Problem, wenn ein 60-Jähriger Vater wird. Mit einem Dreijährigen kann er noch wunderbar Fußball spielen. Mit einem 11-Jährigen wird er wohl nicht mehr mithalten können, denn dann ist er über 70 Jahre alt. Aber genau dann lieben Jungs es, mit dem Papa Fußball zu spielen. Von dieser Warte aus betrachtet, sind ältere Single-Männer als Väter nicht so gut geeignet.

Andererseits: Sie werden zu dem Kind, das sie so spät genießen dürfen, eine ganz besonders innige Beziehung aufbauen. Sie werden die Geduld des Opas mit der Fürsorge des Vaters verbinden. Sie werden mehr Verständnis zeigen, als es der (natürlich jüngeren) Frau manchmal lieb sein wird. Sie werden Zeit für das Kind haben. Sie werden ihre Lebenserfahrung und ihre Abgeklärtheit in die Erziehung mit einbringen. Das ist nicht immer modisch und entspricht nicht immer den Trends der Zeit, aber es ist auch nicht von vornherein schlecht. Es ist nur eben – anders.

Es fällt schwer, in aller Kürze alle denkbaren Varianten aufzuzählen. Denn für eine 20-jährige Mutter ist bereits ein 40-Jähriger ein »älterer« Mann. Für eine 40-Jährige fängt »Alter« vielleicht erst mit 70 an. Um es trotzdem zu versuchen:

Wenn sich junge Mutterliebe mit gereifter Lebenserfahrung zu einem Bund für den Rest des Lebens findet, ist das nicht zwangsläufig schlecht. So eine Beziehung hat mit etwas Glück sogar eine längere Haltbarkeitswahrscheinlichkeit als eine Beziehung unter gleichaltrigen jungen Menschen. Aber man darf auch nicht außer Acht lassen, dass hier zwei Menschen aus unterschiedlichen Generationen eine gemeinsame Aufgabe übernehmen, nämlich die Betreuung eines neuen, hilflosen, schutzbedürftigen Wesens. Sind die Auffassungen von Erziehung allzu unterschiedlich, kann es sehr viel Stress geben.

Probleme gibt es auch sehr oft mit der Umwelt. Es ist gesellschaftlich durchaus nicht akzeptiert, dass ein 80-Jähriger beim Abi-Ball als Vater auftaucht. Und es ist ziemlich unwahrscheinlich, dass Kinder davon begeistert sind. In der heutigen Patchwork-Generation ist es allerdings so, dass der ältere Exsingle häufig gar nicht der leibliche Vater ist. Sondern er geht als »Lebenspartner der Mutter« durch. Ein guter Vater kann er trotzdem sein – und sogar der »bessere«. Weil er einfach mehr Geduld, Ruhe, Einfühlungsvermögen und Gelassenheit mitbringt, als der leibliche Vater jemals hatte. Und jetzt die Antwort auf die Frage aus der Überschrift: Ja. Aber mit Einschränkungen und mit äußerst bedenkenswerten, notwendigen Zweifeln.

Sollte man sich bei der Single-Suche überhaupt eine Altersgrenze setzen?

Will man sich denn derart einschränken? Ist es nicht viel wichtiger, ob zwei Herzen zueinanderpassen? Was zählt heute noch das Geburtsdatum, wie es im Personalausweis steht? Es gibt 30-jährige Singles, die in ihrem Leben festbetoniert sind und bei denen für die nächsten 40 Jahre mit keiner Änderung mehr zu rechnen ist. *Die* sind wirklich alt. Es gibt 60-jährige Singles mit mehr Ideen, Träumen und Flausen, als sie ein 15-jähriger haben sollte, und das Schöne ist: Sie machen ihre Träume wahr, einen nach dem anderen! *Die* sind wirklich jung.

Eine Frau von 45 Jahren, die ihren Wunsch-Single im Internet mit »bis 50« beschrieben hat, erzählt: »Das hat mir schon bald leid getan. Es waren alles welche in meinem Alter, und sie wirkten so unfertig. Da war keiner dabei, zu dem ich hätte aufschauen mögen. Ich selbst hatte eigentlich mehr geleistet in meinem Leben als diese ganzen Männer. Am Ende bekam ich dann eine Mail von einem Mann, der gleich sagte, dass er bestimmt nichts für mich ist. Weil er schon 63 sei. Da mir die Art, wie er schrieb, aber sehr gut gefiel, habe ich ihm geantwortet. Und nun sind wir schon seit sechs Monaten ein Paar.«

Andererseits macht eine Altersgrenze durchaus Sinn, wenn man sich ein Kind mit dem Single wünscht. Oder wenn man noch sehr jung ist und gerne auf die Piste geht: Da kann ein großer Altersunterschied durchaus hinderlich sein.

Immer mehr Menschen auf der Single-Suche setzen sich übrigens keine Ober-, sondern eine Untergrenze, und das ist gar nicht so dumm: Sie sagen nicht etwa: »*Bis* xx Jahre käme für mich infrage« – sondern »*Ab xx* Jahre käme für mich infrage«. Die oben zitierte 45-jährige Frau würde sich, wenn sie noch einmal auf Single-Suche gehen müsste, im Internet so präsentieren: »Mein Partner sollte nicht jünger als 55 sein.«

Setzen Sie sich bei der Single-Suche gar keine Altersgrenze! Vielleicht finden Sie jemanden, der 20 Jahre jünger ist als Sie und wunderbar zu Ihnen passt. Vielleicht begegnet Ihnen ein interessanter Mensch, nach dem Sie sich auf der Straße niemals umgedreht hätten. Vielleicht würden Sie für Ihr nächstes Glück normalerweise im Bus aufstehen. Vielleicht ist es jemand, an den Sie gar nicht denken. Am Ende bestimmt Ihr Gefühl, ob Sie es wagen, und nicht das Alter.

85. Frage

Alter Mann/junge Frau – kann das funktionieren?

Auch hier stellt sich die Frage, wann man eigentlich »alt« ist. Er ist 80, sie ist 20 – um einmal mit einem Extrem zu beginnen –, das ist nicht nur seltsam, sondern auch geradezu sittenwidrig und würde natürlich niemals funktionieren, wenn nicht der Tod diese peinliche Posse ohnehin vorzeitig beenden würde. Auch dürfte hier die Basis der Beziehung nicht unbedingt reine unschuldige Liebe sein.

Er ist 70, sie ist 30 – nee, oder? Aber wieso nicht. Schön für ihn jedenfalls. Er ist 60, sie ist 40 – na klar! Das kann funktionieren. Er ist 60, sie ist 20 – nee. Er ist 60, sie ist 30 – na ja. Aber da merkt man doch schon, wie sehr unser eigenes Gefühl (»Das geht niemals gut«) unser Urteil derart stark beeinflusst, dass wir eigentlich gar nicht mehr imstande sind, gerecht zu urteilen. Und außerdem, *wollen* wir denn »urteilen«? Ist das nicht jedermanns eigene Sache?

Natürlich ist es das. Aber die Frage wird ja aus einer konkreten Single-Suchaktion heraus gestellt und erfordert deshalb doch eine Antwort, denn hier geht es um folgende Situation: Eine junge Frau hat einen erheblich älteren Mann kennengelernt und überlegt nun, ob sie sich weiterhin mit ihm treffen sollte oder ob diese Beziehung angesichts des gravierenden Altersunterschiedes ohnehin keine Chance hat. SIE möchte eine Antwort. SIE ist direkt betroffen. Und, wer weiß: Vielleicht stellt ER sich diese Frage ja auch! Nicht alle »älteren« Männer sind so naiv, dass sie allein die Tatsache des großen Altersunterschiedes für ein Himmelsgeschenk halten.

Damit speziell die weiblichen Leser in diesem Kapitel etwas lernen können, hier ein Ausflug in die Psyche des älteren Mannes. Da ist seine Angst, eines Tages nicht mehr mithalten zu können.

Die Angst, sexuell vorzeitig zu versagen. Die Angst, dass SIE mit einem Jüngeren durchbrennt. Die Angst, dass SIE ihn irgendwann für »richtig alt« hält und den Tag bereut, an dem sie sich mit ihm eingelassen hat. Da ist auch die Angst, dass er eines Tages pflegebedürftig wird: Hat SIE sich wirklich ausreichend klargemacht, was da unter Umständen auf sie zukommen könnte? Und was ist, wenn ihr latenter Kinderwunsch plötzlich akut wird? Will sie dann wirklich ein Kind, das mit einem so alten Vater aufwächst?

Irgendwann kommt der Tag, an dem man als Mann nicht mehr bis vier Uhr morgens durchfeiern möchte. Es kommt der Tag, an dem man nichts so sehr ersehnt, als seine Ruhe zu haben. Es kommt der Tag, an dem man nicht mehr unbedingt regelmäßig mit seiner Frau Sex haben möchte, sondern an dem man froh ist, wenn der immer heftiger werdende Harndrang einen endlich wieder einmal früh ein- und vor allem durchschlafen lässt.

Man kann über Männer sagen, was man will: Zumindest viele ältere sind durchaus imstande, über ihre eigene Situation kritisch zu reflektieren. Ja, sie verbringen sogar viel Zeit damit. Sie machen sich Sorgen über ihren eigenen Zustand, beobachten ihren Körper sehr genau, halten jedes kleine Wehwehchen für das erste Symptom einer bisher unentdeckten schweren Krankheit und stellen stirnrunzelnd fest, dass sie eigentlich gar nicht mehr so klasse drauf sind wie noch vor 20 Jahren.

Alter Mann, junge Frau, und ob das funktionieren kann: Man muss die Frage anders stellen. Wie stark und vor allem wie haltbar ist ihre Liebe? Wie reif sind die beiden, ganz unabhängig von ihrem Alter? Wie viel Egoismus brauchen sie noch für sich selbst? Wie sehr können sie sich auf einen anderen Menschen einstellen? Wie sehr können sie loslassen? Haben sie sich schon in ihrem früheren Leben ausgelebt, oder haben sie noch Nachholbedarf? Neigen sie zur Eifersucht, oder haben sie ein unerschütterliches Grundvertrauen zueinander?

Wären sie wirklich immer füreinander da, auch wenn der Reiz der ersten Verliebtheit einmal verflogen ist? Würden sie sich gegenseitig bis in den Intimbereich hinein pflegen können? Würden sie ihrer Liebe eventuell den eigenen Kinderwunsch opfern, weil einfach kein Kind mehr gezeugt werden kann? Würden sie mit weniger oder gar ohne Sex leben können, wenn die erotischen Bedürfnisse eines Tages auseinanderdriften? Wie wichtig ist Geld: Spielt es eine Rolle, wenn sie als so viel Jüngere sich einen reichen Mann geangelt hat oder sich von ihm angeln ließ? War sie anfangs fasziniert von seinem Lebensstandard? Von seiner Reife? Von seiner Bildung? Von seiner Art, das Leben entspannt und gelassen anzugehen? Wusste sie von seiner Macht, die er sich vielleicht erarbeitet hat im Laufe seines Berufslebens, und ist sie der erlegen?

All diese Fragen muss sich eine Frau stellen, die einen erheblich älteren Single kennenlernt und eine Entscheidung zu treffen hat. Für sich – aber auch für ihn. Denn letztendlich ist die Chance, dass er aus purer Weisheit nichts mit ihr anfängt, doch relativ gering. Der so viel ältere Mann wird mit hoher Wahrscheinlichkeit nicht nein sagen, denn so schlau und weise ist er letztendlich dann doch wieder nicht. Die maximal zu erwartende Erkenntnis wird auf seiner Seite darin bestehen: »Na und? Wenn es tatsächlich scheitern sollte, habe ich wenigstens noch einige schöne Jahre mit einer so viel jüngeren Frau gehabt.«

Weiter wird er im Zweifelsfall nicht denken. Das ist vielleicht kurzsichtig, das ist nicht klug, und das ist nicht gut. Aber es ist so. Also muss die Frau für ihn mitdenken. Und wenn sie sich die oben nachzulesenden Fragen wirklich kritisch stellt, wird sie vielleicht (vielleicht!) letztendlich doch zu dem Ergebnis kommen: Älterer Mann und jüngere Frau, das geht nur selten gut.

86. Frage

Und was ist mit ältere Frau/jüngerer Mann?

Eine interessante Partnerschafts-Konstellation, deren medienwirksame Brisanz von vielen älteren Promi-Frauen erkannt und zum eigenen Nutzen eingesetzt wird: Endlich wieder einmal in den Schlagzeilen, auch wenn die wichtigen Leute von Film und Fernsehen sich in den letzten Jahren nicht mehr so wie früher die Klinke in die Hand geben und die Regisseure nicht mehr darum betteln, dass man Rollen annimmt. Auf dem roten Teppich kommt so ein junger Lover gut an. Die Fotografen reißen sich darum.

In der Praxis, also in unserer normalen Lebenswelt, gibt es solche Konstellationen allerdings recht selten. Und sie sind auch nur selten haltbar. Sie widersprechen unserer Genetik. Wir sind nicht dafür gemacht, dass ein 30-jähriger Mann in der zeugungsrelevanten Phase seines Lebens etwas mit einer Partnerin jenseits des Klimakteriums anfängt. Das will die Natur nicht, weil die Natur immer noch glaubt, dass wir Menschen uns unbedingt immer weiter fortpflanzen müssen, um das Überleben unserer Art sicherzustellen.

Die Natur weiß nicht, dass wir Menschen inzwischen viel zu viele sind und in Afrika die Kinder an Hunger sterben, dass China schon bald zu klein sein wird für die Milliarden, die da trotz staatlicher Kontrolle des Bevölkerungswachstums nachkommen und die sich in Metropolen drängeln werden, von deren Existenz wir heute nicht einmal etwas ahnen.

Die Natur ignoriert, dass Europa schon bald ein riesiges Auffanglager für verzweifelte Klimaflüchtlinge sein wird und dass wir uns selber ersticken, wenn wir uns weiterhin so sorglos fortpflanzen wie bisher. Die Natur ist dumm und ignorant. Aber sie bestimmt unser Leben.

Die Konstellation ältere Frau/jüngerer Mann hat eine verschwindend kleine Chance. Es wird zwangsläufig der Tag kommen, an dem *er* sich anderweitig orientiert. Er wird eine Frau zurücklassen, die ihre vorletzte Chance mit dem falschen Mann vertan hat und die nur mit Riesenglück ihre allerletzte doch noch nutzen kann. Diese allerletzte Chance wird dann in einem Mann aus ihrer Altersklasse bestehen. Darauf kann man wetten.

Was bedeutet es, wenn jemand sein Leben lang Single gewesen ist?

Wichtiger Rat gleich zu Beginn: Finger weg, nicht anfassen, komplett ignorieren, niemals zurückrufen, nicht essen gehen, gar nichts glauben, Herz verschließen, Beine in die Hand, weglaufen, Telefon ausstöpseln, im Chat auf »igno« setzen und nach Möglichkeit sofort eine längere Auslandsreise antreten. Wer sein Leben lang Single war, hat mit 111 Prozent Wahrscheinlichkeit eine Vollmacke. Es sei denn, er ist 13. Dann wäre es okay.

Auf die Gefahr hin, dass wir es uns mit einigen Lesern verscherzen: Es ist nun mal kein Mensch sein Leben lang Single. Und wenn, dann gibt es dafür einen guten Grund. Vermutlich sind sogar Florence Nightingale und Mutter Teresa schreiend davongelaufen, als dieser Typ Mann in ihr Leben trat. Und Sie wollen diese beiden anerkannten Retterinnen der Welt übertrumpfen? Vergessen Sie's, und suchen Sie sich einen Therapeuten mit sehr viel Zeit und vielen freien Terminen. Halten Sie sich nicht mit Einzelstunden auf. Buchen Sie am besten gleich im Abo.

ER war sein Leben lang Single: Wie war das denn? Lebte er etwa bei seiner Mutter, bis sie starb? Sie werden diese Frau Zeit Ihres Lebens ersetzen müssen. Keine gute Voraussetzung für eine schöne Beziehung, in der die Rollen gleich verteilt sein sollten. Lebte er jahrzehntelang alleine? Aus diesem Einsiedler wird kein soziales Wesen mehr. Er wird so bleiben, wie er ist. Sie werden es eines Tages hassen.

SIE war ihr Leben lang Single: Wie war das denn? Warum hat sie niemals einen »abgekriegt«? Das Wort ist gemein, sicher. Aber es trifft doch den Kern. Sie ist vermutlich eine äußerst komplizierte, verschrobene, ja, gönnen wir uns das Wort: gestörte Persönlichkeit. Sie wird sich nun nicht im Alter zu einer liebevollen Partnerin entwickeln. Es sei denn ...

Es sei denn ... Es gibt beim Thema Singles immer so eine Einschränkung. Schön ist das nicht, denn viel besser wäre es, wenn man klare Regeln ohne Einschränkungen hätte. Aber hier muss man eine Einschränkung machen: Es sei denn ... Sie *und* er waren ihr Leben lang Single. In den reiferen Jahren, sagen wir mal, so um die 50 oder 60, treffen die beiden aufeinander. Zwei Seltsame auf der Suche nach dem späten Glück. Ich würde darauf wetten: *Diese beiden* versuchen es erfolgreich! Sie haben nichts zu verlieren, aber alles zu gewinnen.

Macht die Lebenserfahrung einen Single besser?

Besser was? Besser wofür? Das muss man erst einmal abklären. Lebenserfahrung macht aus einem Single keinen besseren Menschen. Seine Macken werden auch nicht kleiner mit der Zeit (eher größer). Aber er wird abgeklärter, ruhiger, weiser, gelassener, verständnisvoller und verantwortungsbewusster. Und das ist natürlich »besser«.

Sie werden mit einem lebenserfahrenen Single weniger Stress haben als mit einem jüngeren. Er hat gelernt, dass Nachgeben manchmal klüger ist, als auf Biegen und Brechen den eigenen Standpunkt durchzusetzen, und dass man sich nicht in jeder hitzigen Diskussion über irgendeinen Kleinscheiß ständig aufs Neue selbst beweisen muss.

Der lebenserfahrene Single beherrscht die beiden wichtigsten Worte einer langfristig glücklichen Partnerschaft, die da lauten: »Ja, Schatz.« Er kann auch mal schweigen und auf Gegenargumente verzichten. Er denkt an morgen und weiß aus Erfahrung, dass die Probleme von heute im Rückspiegel des Lebens lächerlich klein aussehen. Er hört auf jeden Fall besser zu. Viele seiner Partnerschaften sind schon daran gescheitert, dass er einfach kein Ohr hatte. Zu viel Hektik, zu viel im Kopf. Die Partnerschaft vergeigt und die Karriere immer vornan gestellt: Das soll nun anders werden. Der Single mit Lebenserfahrung nimmt sich richtig Zeit für seine Partnerschaft.

Er tickt irgendwie anders. Sein mildes Lächeln ist nicht arrogant, sondern es zeugt von Verständnis. Ratschläge gibt er selten. Aber wenn, dann haben sie Hand und Fuß. Er kennt die schwierige Situation, in der man sich gerade befindet. Er hat in seinem

Leben viele Fehler gemacht. Er hat aus ihnen gelernt. Warum nicht davon profitieren?

So betrachtet, sind Singles mit Lebenserfahrung tatsächlich besser. Aber sie neigen auch dazu, alles »besser« zu *wissen*. Sie haben ja schon alles erlebt. Es fällt ihnen schwer, andere (jüngere) ihre Erfahrungen selber machen zu lassen. Deshalb neigen sie zur Besserwisserei. Sie haben eben nicht nur dann einen guten Rat zur Hand, wenn man sie danach fragt. Sondern eigentlich haben sie für alle und für alles immer einen guten Rat.

Das kann äußerst nervig sein. Es gibt irgendwann neuen Stress. »Lass mich endlich auch mal meine eigenen Erfahrungen machen«, schleudert man dem ach so lebenserfahrenen Single dann an den Kopf. Und er versteht es nicht. Das wird ein echtes Problem.

Sind ältere Singles großzügiger als junge?

Erst einmal: Sie haben Geld über. Die Lebensversicherung ist aus-
gezahlt. Das macht schon mal sehr, sehr großzügig. Zweitens: Sie
haben nicht mehr das Problem, an ihr eigenes Alter denken zu
müssen. Weil sie schon alt sind. Warum etwas den gierigen Erben
hinterlassen? Heute lebt der Single. Und wer weiß, wie lange
noch! Also gibt der ältere Single sein Geld mit volleren Händen
aus als der junge. Er muss nichts mehr für später zurücklegen.

Viel wichtiger aber ist dies: Insgeheim weiß der ältere Single
natürlich, dass er nicht mehr so attraktiv ist wie ein 30 Jahre
jüngerer Single. Er mag nicht mehr jedes Wochenende auf die
Piste gehen, er verlässt Partys ziemlich früh, er schläft auch schon
mal beim Fernsehen ein, er liebt seinen Garten und kann dort
stundenlang seine Pflanzen beim Wachsen beobachten, er kommt
schneller aus der Puste, er braucht keine Action, er hat einen stark
reduzierten Freundeskreis und ist auch sonst nicht sonderlich
kommunikativ.

Aber er ist flüssig. Da liegt es doch nahe, dass der ältere Single
seine altersbedingten Handicaps durch eine gewisse Großzügig-
keit ausgleicht! Und das tut er. »Kauf dir was, Schatz« ist ein
Satz, den vor allem Frauen nicht ungern hören. Sie werden in
den Genuss dieser wohlklingenden vier Worte häufiger kommen,
wenn sie mit einem älteren Single liiert sind.

Sollte man sich mal auf Teneriffa oder Malle nach älteren Singles umsehen?

Im Alter ab in den sonnigen Süden, wo die Rente viel mehr wert ist: Immer mehr Menschen machen diesen Traum wahr. Allerdings ziehen die meisten zu zweit in den Süden. Wenn einer von ihnen stirbt, kommt der andere nach Deutschland zurück. Alleine ist man dort sehr schnell sehr einsam. Und bei den Ärzten da unten weiß man nicht, ob sie so gut sind wie unsere. Man trifft deshalb auf Teneriffa, Mallorca und den anderen Inseln zwar sehr viele ältere Deutsche. Aber nur wenige sind Singles. Wenn man es trotzdem versuchen möchte, eignet sich Mallorca besser als Teneriffa. Weil die eine Insel nur eine Flugstunde weit entfernt ist und die andere circa vier Stunden, findet man die meisten älteren Singles natürlich auf Mallorca. Allerdings ist die Insel einfach zu groß, um für die Singlesuche ideal zu sein.

Da ist ein Kreuzfahrtschiff viel besser, und zwar gilt: Je teurer die Reise, desto anspruchsvoller die Singles. Einige Schiffe sind »schwimmende Ballermänner«. Auf denen trifft man zwar jede Menge junge Familien, aber kaum interessante ältere Singles. Die mögen keine lärmende Animation, sondern sie möchten die Ruhe des Meeres genießen und dem Wind lauschen, um dabei ein gutes Buch zu lesen oder ihren Gedanken nachzuhängen. Sie geben mehr Geld aus, weil sie es haben. Viele von ihnen träumen schon ihr Leben lang von so einer Kreuzfahrt. Aber mit dem Partner hat das niemals geklappt: Seekrankheit, zu viel Stress im Beruf, dann die Kinder, die Enkel …

Aber jetzt, wo sie alleine sind, gönnen sie sich die Erfüllung ihres Traumes. Sie gehen alleine auf Kreuzfahrt. An Bord erkennt man sie viel leichter als in einem Hotel. Denn hier läuft keiner so schnell weg. Man begegnet sich immer wieder: am Pool, auf den Landgängen mit den Busfahrten, im Restaurant und abends an der Bar. Man kommt sehr schnell ins Gespräch, denn so wahnsinnig viel Abwechslung gibt es hier nicht – und die meisten reisen ja zu zweit, bleiben also mehr unter sich.

Ganz bestimmt haben Sie schon mal »Traumschiff« geguckt. Da finden ja ständig irgendwelche Pärchen ihr großes Glück auf dem Wasser. Es gibt kein Klischee, das hier ausgelassen wird. Aber trotzdem hat diese ZDF-Serie einen wahren Kern, und der besteht nicht nur in der faszinierenden Landschaftskulisse: Tatsache ist, dass sehr viele Alleinstehende mit Kreuzfahrern unterwegs sind, dass die Kontaktaufnahme auf hoher See recht einfach ist, dass alle sich über gute Gespräche und neue Bekanntschaften freuen und dass die Seeluft einem viele natürliche Hemmungen nimmt.

Jüngere Singles sind auf Kreuzfahrern kaum unterwegs. Deshalb sind die wenigen an Bord sehr umschwärmt. Hier muss man keine Flirt-Signale aussenden, denn man wird zwangsläufig vom Nachbarn an der Bar in ein Gespräch verwickelt. Die Barkeeper kommen häufig aus Fernost. Sie werden häufig ausgetauscht. Deshalb lernen sie meistens gerade Deutsch und empfangen einen mit ausgesuchter Freundlichkeit und immer denselben Sprüchen: »Guten Abend«, »wie geht es Ihnen«, »angenehme Nacht«, »gute Reise« und »vielen Dank« lernen sie schon in der Ausbildung, allerdings gerät ihr deutschsprachiges Repertoire manchmal durcheinander: Es kann durchaus passieren, dass man schon vor der Getränkebestellung mit »angenehme Nacht« verabschiedet wird. Alle lachen, und schon ist man mittendrin!

Die Landausflüge auf so einer Kreuzfahrt sind optimal, um unverbindlich Kontakt zu knüpfen. Man geht gemeinsam von Bord und kann schon in der Schlange beim Auschecken gucken, wer heute so alles dabei ist. Die Gruppen sind recht klein (was halt in einen Bus passt). Man verliert sich niemals aus den Augen. Dann spaziert man zu Fuß die Sehenswürdigkeiten ab, guckt sich das Wichtigste an, kann auch mal alleine unterwegs sein, kehrt irgendwo ein, betrachtet das Stadtleben und geht wieder an Bord. Wer da lange allein bleibt, der hat wirklich ein Problem! Aber es wird ganz bestimmt nicht passieren. Also: Teneriffa ist eher ungeeignet, Mallorca ist vielversprechender und eine Kreuzfahrt ist super, wenn man sich einen älteren Single angeln möchte.

10. Kapitel

Die Singles in der Firma

Sind Singles die besseren Chefs?

Maik H. (42) ist geschieden. Seit drei Jahren hat er einen Single-Haushalt. Der Geschäftsführer eines Call-Centers in einem Dorf bei Rostock sieht seine Kinder nur selten. Seit der Trennung von seiner Frau, die jetzt bei ihrem neuen Lebenspartner in Bayern wohnt, lebt er nur für die Firma. Er ist morgens der Erste, abends der Letzte, an jedem Wochenende im Betrieb und gerade auf dem besten Weg, einen führenden Posten in der Brandenburger Zentrale seiner Firma zu bekommen. Entsprechend ehrgeizig ist Maik H., und ebenso viel Ehrgeiz verlangt er von seinen 17 Mitarbeitern. Er mag es gar nicht, wenn jemand zu spät kommt oder sich aus familiären Gründen entschuldigt. Der eigentlich sehr sanftmütige Mensch wird aggressiv, wenn schon wieder irgendein privates Problem dazu führt, dass morgens eben nicht 17, sondern nur 12 oder 13 Leute zur Frühbesprechung erscheinen. Er begreift einfach nicht, dass seine Leute außer der Firma noch andere Sorgen haben. Er glaubt, dass alle so leben müssten wie er, und alles Private ist für ihn eine leicht zu durchschauende Trickserei aus dem Kapitel »Arbeitsverweigerung«. Entsprechend verhält sich Maik H. Das Betriebsklima ist sehr schlecht geworden. Die Kollegen bespitzeln sich, denn ein bis zwei Leute wird Maik H. eines Tages mit nach Brandenburg nehmen. Welche das sein werden, steht zur Zeit noch in den Sternen.

Einen Vorteil haben Single-Chefs: Sie haben unbegrenzt viel Zeit für die Firma. Aber das ist auch schon der einzige Vorteil. Single-Chefs erwarten nämlich von allen Mitarbeitern, dass die ähnlich viel Engagement fürs Firmenwohl mitbringen wie sie selber. Sie haben wenig Verständnis dafür, dass ein Kind mal krank wird oder dass die Schwiegermutter Geburtstag feiert. Wer keine Familie hat, kann sich nur schwer in die Problematik eines familienbelasteten Arbeitnehmers hineinversetzen. Insofern sind Singles keinesfalls die besseren Chefs.

Maik H. ist ein ziemlich gutes Beispiel. Deshalb bleiben wir noch einen Moment bei ihm. Insgeheim, so sagen seine Mitarbeiter, wünscht er sich nämlich durchaus eine neue Familie. Er vermisst es schmerzlich, dass abends jemand auf ihn wartet. Er hat niemanden, mit dem er über seine beruflichen Probleme sprechen kann. Er ist einsam. Einsamkeit jedoch macht je nach Charakter entweder schrullig, wehleidig oder aggressiv. Insgesamt ist Maik H. seit der Trennung von seiner Frau ein schlechterer Chef geworden. Jedenfalls gibt es keinen langjährigen Mitarbeiter, der das Gegenteil behaupten würde.

Kurz bevor dieses Buch gedruckt wurde (dies ist ein Nachtrag), kam Maik H. in psychotherapeutische Behandlung. Er hatte Suizidgedanken geäußert und geriet zum Glück an eine Ärztin, die seine Notlage noch eben rechtzeitig erkannte. Er war ausgebrannt und leer, hatte Angst vor jedem Arbeitstag und war am Ende nicht einmal mehr imstande, seinen Haushalt zu organisieren. Drei Jahre hatte er täglich mehr als 15 Stunden in der Firma verbracht. Er konnte nicht mehr. Zur Zeit ist er in der Berliner Charité. Die Bosse in der Zentrale sagen, dass er jederzeit wieder einscheren kann. Er soll sich erst einmal erholen. Ob das wirklich so kommt, steht in den Sternen.

Nein: Single-Chefs sind keinesfalls besser als welche mit Familie. Sie sind sogar meistens sehr problematische Chefs, auch wenn es natürlich Gegenbeispiele gibt.

Eine Single-Frau als Chefin zu haben bringt unter Umständen zusätzliche Probleme. Es muss nicht so sein – aber es ist gut möglich, dass sie auf berufstätige Mütter unbewusst neidisch ist. Ihr eigener Wunsch nach einer Familie, nach einem starken

Partner, nach Kindern blieb eventuell unerfüllt; ihr Leben ist nun die Firma. Ihre Lebensform, ob freiwillig von ihr gewählt oder ob sie unfreiwillig hineingewachsen ist, erscheint ihr als die einzig legitime. Frauen, die anders leben, sind ihr suspekt. Sie mag diese »Muttertiere« nicht, die scheinbar das Wohl ihrer Kinder über das Wohl der Firma stellen. Sie ist »stutenbissig«. Sie hat ein Defizit, sie ist permanent unzufrieden, kurzum: Sie ist nicht glücklich mit sich selbst und ihrer eigenen Situation. So eine Frau kann gar keine gute Chefin sein.

Sollte man vorzugsweise Singles einstellen?

In der Firma zählen Leistung und Teamfähigkeit. Ob jemand Single oder gebunden ist, spielt keine Rolle für die Qualifikation. Natürlich fällt ein Single seltener aus als ein Familienmensch, der sich vielleicht um zwei oder drei kleine Kinder zu kümmern hat. Aber man kann vom Single nicht erwarten, dass er deswegen die Arbeit vom Familienmenschen übernimmt. Das wird der Single auch nicht dauerhaft tun.

Der Single ist es gewohnt, sein Leben selbst in die Hand zu nehmen. Das ist ein Plus. Alleinerziehende Singles sind sogar besonders gut im Job: a) weil sie dankbar sind für die Chance, die ihnen die Firma bietet, b) weil sie keinesfalls ihren hart erkämpften Job verlieren möchten und c) weil sie das Managen von schwierigen Situationen gewohnt sind. Das Stichwort ist »soziale Kompetenz«. Die bringt der alleinerziehende Single mit. Er ist es gewohnt, aus der Hektik des Berufslebens heraus den Schalter umzulegen und von dem Moment an, wo er vor der Kita auf sein Kind wartet, in den Elternmodus zu wechseln.

Der alleinerziehende Single hat sich voll im Griff. Er lässt sich erst gehen, wenn ein anstrengender Arbeitstag vorbei und das Kind im Bett ist. So lange funktioniert der Single. Das ist schwer, macht trotzdem Spaß und ist eine sehr wichtige Qualifikation auch fürs Berufsleben. Denn der Single ist morgens in der Lage, wiederum den Schalter umzulegen und vom liebevollen Elternmodus in den knallharten Berufsmodus zu wechseln, sobald sich die Tür der Kita hinter dem Kind geschlossen hat.

Viele Arbeitgeber haben das noch nicht erkannt, und die Politiker engagieren sich bei diesem Thema auch nicht nachhaltig

genug. Es ist noch nicht in den Köpfen angekommen, dass Alleinerzieher die optimalen Arbeitnehmer sind: Für sie gibt es keinen
richtigen Feierabend, denn sie sind eigentlich immer im Dienst.
Von ihrer Firma erwarten sie nichts weiter als etwas Flexibilität,
denn manchmal können sie eben nicht (immer dann, wenn es ein
Problem mit dem Kind gibt). Ansonsten sind sie bereit, für ihre
Firma alles zu geben, und das Entgegenkommen des Arbeitgebers
zahlen sie hundertfach zurück. »Du bist immer für uns da. Aber
wenn was mit deinem Kind ist, dann sind wir für dich da« – das
wäre optimal.

Wer in einer Firma mit diesem Credo arbeitet, der wird sie nicht
mehr verlassen wollen. Aber es beginnt bei der Kinderbetreuung.
Wie viele Konzerne könnten mit vergleichsweise wenig Geld einen
Kindergarten gründen, dessen Öffnungszeiten auf die Arbeits-
zeiten der Mitarbeiter zugeschnitten sind! Das muss mit Staats-
geldern unterstützt werden, das kurbelt die Konjunktur an, das
schafft Arbeitsplätze sowie neue Renten-Einzahler, und das sorgt
für glückliche Arbeitnehmer. Die Politiker hinken der gesellschaft-
lichen Entwicklung weit hinterher. Es ist niemand in Sicht, der sich
dieses wichtigen Themas wirklich mit Nachdruck annimmt.

Unterm Strich heißt die Antwort auf die Frage aus der Überschrift: Ja! Man sollte Singles einstellen. Am besten welche mit
Kindern. Sie sind die eigentlichen Problemlöser unserer Zeit. Sie
sind fast unendlich belastbar, und sie sind loyal. Hoffentlich lesen
das hier viele Chefs …

Ist ein Ehering der Karriere hinderlich?

Sie können Ihr Single-Leben getrost beenden und werden dadurch keinerlei Nachteile haben. Ihren Chefs ist es vollkommen egal, ob Sie Single oder verheiratet sind. Erst ab einer bestimmten Führungsposition könnte die Frage wichtig werden, ob Sie verheiratet sind. Aber dann ist es umgekehrt: Der Ehering wäre Ihrer Karriere in diesem Fall eher zuträglich.

Leute in Führungspositionen sollten ihr Privatleben sauber im Griff haben. Was wird erwartet? Eine gute Partnerschaft, vielleicht (als Mann) ein bis zwei Kinder, ein solides Zuhause, ein gepflegtes, aber keinesfalls zu auffälliges Auto, keine abenteuerlichen Hobbys, andererseits gern auch mal eine verrückte Idee wie zum Beispiel ein Sabbatjahr, um die Seele auszulüften, und im Übrigen bitte immer dieselben Sachen anziehen wie die anderen Führungskräfte auch.

Leute, die etwas zu sagen haben, sind wie eine verschworene Gemeinschaft; ihr Gebaren hat etwas Sektiererisches und Abgeschottetes. Sie erkennen sich an Frisur, Gestik, Ausdrucksweise und der »richtigen« Laptop-Tasche. Sie kennen das: Wer jemals einen Fahrstuhl betreten hat, in dem sich eine Gruppe von jüngeren Führungskräften auf dem Weg zu einem Meeting befand, der fragte sich spontan: Ja, sind die denn alle geklont? Oder sehe ich nicht nur doppelt, sondern gleich fünffach doppelt? In diesem Fahrstuhl tragen alle einen Ehering (zumindest die Männer). Es ist garantiert niemand dabei, den Sie spontan als »Exoten« bezeichnen würden.

Und was besagt der Ehering? Nichts, aber sein Fehlen könnte auf Eigenschaften wie »team- und bindungsunfähig« hinweisen, auf ein unruhiges Leben mit entsprechenden Nachteilen fürs Wohl der Firma, auf eine gewisse Flatterhaftigkeit und was nicht noch alles. Schwule hingegen können auch ohne Ehering Karriere machen.

Da in diesem »Ehering-Kapitel« bereits zweimal eine Einschränkung gemacht wurde, die Frauen ausgrenzte, nun noch ein Wort zum Ehering der Frau und seinen Einfluss auf ihre Karriere. Bei Frauen ist der Ehering noch unwichtiger als bei Männern. Frauen werden in unserer verrückten Arbeitswelt ausschließlich nach dem Verhältnis zwischen ihrer Kompetenz und ihrem äußeren Erscheinungsbild beurteilt, das geht dann so: Je besser die Frau aussieht, desto mehr Kompetenz muss sie beweisen. Anderenfalls wird man ihr unterstellen, dass sie ihre Karriere privaten Vorzügen verdankt. Ob sie Single ist oder nicht und ob sie das mit einem Ehering zeigt, entscheidet gar nichts.

Wie kann man Interesse signalisieren, ohne einen Kollegen anzubaggern?

Hinhören, lauschen, beobachten und nichts, aber auch gar nichts für unwichtig halten. Bleiben Sie immer in der Nähe des Kollegen, den Sie äußerst sympathisch finden. Besetzen Sie in der Kantine den Nebentisch. Schleichen Sie sich in der Konferenz an ihn heran, und schielen Sie in seine Notizen. Stehen Sie zufällig am Kopierer, wenn er nach einem frischen Paket Papier für den Drucker sucht und dabei mit seinem Kumpel spricht. Werden Sie sein Schatten. Er darf es aber nicht merken. Sie sammeln erst einmal Wissen. Wissen ist Macht. Und die wollen Sie ja demnächst über ihn ausüben.

Wir sprechen hier von der sehr häufigen Situation, dass Sie zwar einen Kollegen (oder eine Kollegin) für äußerst spannend halten, aber weil Sie beide in derselben Firma arbeiten, mögen Sie ihn nicht anbaggern. Die Sache könnte also scheitern. Es sei denn, dass Sie Interesse signalisieren, ohne baggern zu müssen. Das wird jedoch nur funktionieren, wenn Sie (um es einmal fußballtechnisch auszudrücken) eine Vorlage nach der anderen geben, aber nie, niemals selbst aufs Tor schießen.

Wir nennen den Kollegen jetzt mal Herrn Meier. Da Sie sich so oft wie möglich in Herrn Meiers Nähe aufhalten (ohne wirklich von ihm beachtet zu werden), schnappen Sie den einen oder anderen Gesprächsfetzen auf. Herr Meier hat gestern seinem Tischnachbarn in der Kantine erzählt, dass er von einem ganz tollen Krimi gehört hat, den er unbedingt mal lesen möchte. Sie gehen noch am gleichen Tag in die Buchhandlung und kaufen diesen Krimi. Am nächsten Morgen …

Nein!!! Nicht, was Sie jetzt denken! Das wäre plump. Sie schenken Herrn Meier nicht einfach diesen Krimi (das wäre Anmache), sondern Sie haben den frisch gekauften Krimi am Vorabend gequält (mit Milch übergossen, reingekritzelt, Eselsohren geknickt und Fett drauf getropft. Alles, was man mit einem Buch eben nicht machen sollte). Am nächsten Morgen gehen Sie lässig an Herrn Meiers Schreibtisch vorbei, nehmen all Ihren Mut zusammen und sagen: »Ich war gestern noch auf einem Flohmarkt, da seh ich diesen Krimi für einen Euro, und ich dachte, Sie lesen doch so gern. Da hab ich ihn mitgenommen. Können Sie mir ja zurückgeben, wenn Sie durch sind.« Und schon sind Sie weg.

Das ist genial! Herr Meier starrt Ihnen mit offenem Mund hinterher und hatte bisher noch keine Gelegenheit, Ihnen seinen überschwänglichen Dank auszudrücken. Hat er nicht erst gestern mit seinem Tischnachbarn in der Kantine genau über dieses Buch gesprochen, und dass er es so gerne hätte? Und nun kommt diese kleine Büromaus, von der er kaum den Namen weiß, und knallt ihm das auf den Tisch? Zwar in katastrophalem Zustand, aber ...

Sie wissen, was passiert: Keine 10 Minuten später wird Herr Meier an Ihrem Schreibtisch stehen und Sie fragen, wie er sich revanchieren kann. So, Achtung, Gefahr, aufgepasst: Inzwischen muss natürlich etwas passiert sein mit Ihnen. Blitzschnell waren Sie mal kurz auf Toilette, haben die ansonsten immer streng zurückgekämmten Haare geöffnet, die Brille abgenommen, die Bluse einen Knopf weiter als sonst geöffnet und Lippenstift aufgelegt. Genauso erwarten Sie nun Herrn Meier an Ihrem Schreibtisch. Er kommt prompt. Er starrt Sie an. Er ist am Haken. Er stottert. Sie hingegen mustern ihn abfällig von oben bis unten und widerstehen jeder Einladung zu einem Glas Wein, »nur so, ganz unverbindlich, als kleines Dankeschön«. *Sie* machen das nicht! Auch wenn Sie schier zerfließen vor Sehnsucht. Solange Sie es aushalten können (Minimum sind drei Wochen), treffen Sie sich mit Herrn

Meier nicht mal zufällig im Fahrstuhl. Aber Sie sehen ab sofort jeden Tag ein bisschen mehr zum Anbeißen aus, und ganz zufällig liegen ein paar professionell gemachte Model-Fotos von Ihnen auf Ihrem Schreibtisch. Herr Meier wird sie entdecken. Denn neuerdings taucht er verdächtig oft an Ihrem Schreibtisch auf.

Deshalb sollten Sie (wie anfangs erwähnt) die Ohren aufsperren. So einfach, wie hier geschildert, läuft es nämlich nicht immer. Sie brauchen Fakten, das notwendige Wissen, nur das verschafft Ihnen Macht. So kriegen Sie (fast) jeden, ohne auch nur einmal jemanden anbaggern zu müssen.

Darf man in der Firma verbreiten,
dass man einen Single sucht?

Diesbezüglich gilt für die Firma dasselbe wie für die freie Wildbahn: Wer sich zuerst bewegt, der hat verloren. Seien Sie freundlich, bleiben Sie kühl. Ignorieren Sie Annäherungsversuche jeder
Art. Gehen Sie mit niemandem privat aus. Lassen Sie niemanden
wissen, was Sie wirklich wollen.

Wer etwas von Ihnen will, der muss sich sehr viel einfallen
lassen. Wer es mit Ihnen ernst meint, der wird sich von Ihrem
»Nein« nicht so leicht beeinflussen lassen und seinen ganzen
Charme aufwenden, um aus dem »Nein« ein »Jein« zu machen.

Es geht Ihnen keine Chance verloren, die eine wirklich gute
Chance ist! Sie können aber alles verderben, wenn Sie jede
Chance wie den allerletzten Strohhalm ergreifen und sich an ihm
festklammern. Ob Sie auf Single-Suche sind, geht in der Firma
niemanden etwas an (nicht einmal den besten Kumpel oder die
vermeintlich »allerbeste Freundin«). Es spricht sich alles herum.
Alles. Und das Geheime, Vertrauliche zuerst.

Und wie verhält man sich, wenn man direkt danach gefragt wird?
Denkbar ist die Situation: vielleicht eine feucht-fröhliche Betriebs-
feier, auf der alle etwas lockerer sind als sonst. Man spricht über
diesen und jenen und über aktuelle oder verflossene Beziehungen.
Und irgendwann fragt jemand, dem die natürliche Hemmschwelle
abhanden gekommen ist, direkt bei Ihnen nach: »Und Sie? Glücklich zu zweit, unglücklich allein oder umgekehrt?«

In dem Fall retten Sie sich mit einer Gegenfrage (sie darf ruhig
einfallslos sein, denn viel Zeit zum Überlegen haben Sie nicht),
und danach lenken Sie das Gespräch sofort um, indem Sie sich

leicht zur Seite wegdrehen und mit jemand anderem ein neues Gesprächs-Fass aufmachen, ohne dass es unhöflich wirkt. Wird die Frage trotzdem wiederholt, ist sie schon penetrant, und Sie dürfen leicht aggressiv reagieren. Dem neugierigen Fragesteller gehen Sie für den Rest des Abends aus dem Weg, oder noch besser, Sie gehen früh.

Vielleicht haben Sie jetzt das Gegenargument im Kopf, dass ein Single, der sich nicht als Single zu erkennen gibt, eventuell niemals angebaggert wird. Sie möchten die Sache doch nur etwas beschleunigen, indem Sie Ihr Interesse an einer neuen Partnerschaft im Kollegenkreis streuen! Was kann daran so falsch sein?

Sie müssen für Ihre Kollegen ein Geheimnis bleiben. Sie müssen die Aura der Unnahbarkeit bewahren. Sie dürfen keine Schwäche zeigen, weil Sie sonst die Kontrolle verlieren. Kennen Sie nicht auch diese nervigen Kollegen, die jeder Beziehung in der Firma mit hechelnder Zunge hinterherlaufen und immer wieder auf die Nase fallen? Über die schon die ganze Firma lacht? Sehen Sie. So möchten Sie niemals sein, stimmt's? Dann verhalten Sie sich bitte auch nicht so. Ob Sie auf Single-Suche sind oder nicht, das sollten Ihre Kollegen zuallerletzt erfahren.

Sind die Single-Kollegen wirklich so ausgeflippt wie auf der Weihnachtsfeier?

Dann wäre das deutsche Bruttosozialprodukt verheerend, und wir müssten die Griechen und andere EU-Luschen dringend um einige Milliarden bitten. Die Weihnachtsfeier sagt überhaupt nichts aus, bis auf dies: Wer da am lautesten krakeelt, hat den Rest des Jahres am wenigsten zu melden.

Weihnachtsfeiern sind so wie Köln im Karneval: Einmal im Jahr lassen alle die Sau raus, und das war's dann bis zum nächsten Mal. Da tanzt die grauste Maus oben ohne auf dem Tisch und kann sich später an nichts mehr erinnern. Da wird der Buchhalter zum Don Juan und schamrot, wenn man ihm am nächsten Morgen im Fahrstuhl begegnet. Wissen Sie, wo Sie auf der wilden Weihnachtsfeier die interessantesten Singles treffen? Ganz hinten in der Ecke, von wo aus sie alles gut überblicken können. Da nippen sie an ihrem Gläschen, schauen sich die ganzen Verrückten mit leicht arrogantem Lächeln an und machen sich so ihre eigenen Gedanken. Stellen Sie sich dazu, denn dort ist am Stehtisch garantiert noch Platz! Sie werden keinen One-Night-Stand auf der Toilette erleben, aber vielleicht den Ort des Grauens frühzeitig für einen stillen Absacker zu zweit verlassen.

Da lauert allerdings eine gefährliche Falle, denn sehr oft stehen dann zwei arrogant lächelnde Weihnachtsfeier-Ignoranten nebeneinander an einem Stehtisch, der von der feiernden Meute gemieden wird, und die zwei kommen so gar nicht miteinander ins Gespräch. Dann ist es plötzlich nicht mehr der Stehtisch von zwei arroganten Einzelgängern, sondern der Verlierer-Tisch, an dem sich die Spaßbremsen festhalten.

Ebenso verhängnisvoll ist es, wenn man sich diesem Stehtisch nähert, und derjenige, der da eben noch so einsam vor sich hin gelächelt hat, nimmt sein Glas und geht. Oh schade: Jetzt steht man ganz alleine da, und so schnell kommt man hier auch nicht wieder weg! Also: Man muss *sofort* miteinander ins Gespräch kommen, und deshalb muss man gleich mit einem guten Spruch aufwarten. Ein guter Spruch aber, was ist das denn? Es ist ja vermutlich sehr laut bei der Weihnachtsfeier, und man kann sich sowieso nur schreiend verständigen!

Erstens: Ein guter Spruch beginnt immer mit einer *Feststellung*. Zweitens: Er beinhaltet ein verstecktes *Kompliment*. Und drittens: Er endet immer mit einer *Frage*. Um bei drittens anzufangen: Die *Frage* ist wichtig, weil sie aus dem Monolog einen Dialog macht und der andere zu einer Antwort gezwungen ist. Die *Feststellung* ist wichtig, weil sie die Richtung vorgibt, in der dieser Dialog verlaufen soll. Und das *Kompliment* ist wichtig, weil es den anderen auflockert und gleichzeitig zum Bleiben einlädt.

Sie stehen nun an diesem besagten Tisch. Falsch: »Die flippen ja total aus!« (Kann man mit einem Nicken beantworten und weiterhin vor sich hinbrüten.) Richtig: »Sie sehen so aus, als wenn das hier nicht unbedingt Ihre Welt ist, kann das sein?« (Muss beantwortet werden und beinhaltet die drei notwendigen Zutaten: die Feststellung, das Kompliment, die Frage). Nicht mehr erwähnt zu werden braucht, dass man dem Gegenüber natürlich gleich das Ohr hinhält, auf dass er oder sie hineinsprechen möge angesichts dieses infernalischen Lärms. Wie nahe er dem Ohr kommt, kann er dann ja selber entscheiden, und auch hier gibt es eine einfache Regel: Je näher der Mund dem Ohr kommt, desto schöner wird der Rest des Abends. Berühren die Lippen gar die Ohrmuschel, kann es ja vielleicht doch noch … Aber nee. One-Night-Stands sind nichts für jemanden wie Sie.

Darf man Single-Kollegen einfach anbaggern?

Das lassen Sie mal lieber. *Sie* baggern überhaupt nicht an. Allenfalls *werden* Sie angebaggert. Es gibt ja nur einen einzigen Grund, aus dem heraus Sie einen Single gerne anbaggern möchten: Sie haben Angst, dass es sonst vielleicht niemals klappt. Nur deswegen sind Sie so scharf darauf, selbst die Initiative zu ergreifen. Sie befürchten, dass der Single Sie vielleicht übersieht – also gar nicht auf die Idee kommt, etwas mit Ihnen anzufangen. Und warum glauben Sie das? Weil Sie schon so oft übersehen worden sind. Wenn Sie aber so weitermachen wie bisher, dann werden Sie auch künftig übersehen. Deshalb müssen Sie radikal umdenken und Ihre Strategie grundsätzlich ändern.

Als Erstes ändern Sie Ihren Kleidungsstil, und zwar lassen Sie sich dabei fachkundig beraten. Die beste Freundin bzw. der beste Kumpel sind übrigens wenig hilfreich als Berater, da sie ein bestimmtes Bild von Ihnen haben, in das Sie immer wieder hineingeredet werden. »Das passt nicht zu dir«? In der Boutique oder beim Friseur sieht man das vielleicht ganz anders! Und außerdem: Was passt denn zu Ihnen? Wer sagt das und mit welchem Motiv?

Als Zweites suchen Sie den beruflichen Kontakt zu demjenigen Single, von dem Sie gerne angebaggert werden möchten. Wie Sie das einfädeln, werden Sie schon wissen. Irgendwas wird es ja mal zu besprechen geben. Beobachten Sie dabei genau die Körpersprache des Singles (wenn Sie dieses Buch vorne begonnen und bis hierher gelesen haben, sind Sie bereits ein ausgefuchster »Single-Profiler«; ansonsten fangen Sie jetzt bitte von vorne an).

Der Rest ergibt sich von selbst. Entweder wird der Single, wo er ja nun dank Ihrer leisen Unterstützung doch noch auf Sie aufmerksam geworden ist, Sie direkt anbaggern. In dem Fall war es gut, dass Sie sich klug zurückgehalten haben. Oder der Single wird Sie nicht anbaggern. In dem Fall war es noch besser, dass Sie sich klug zurückgehalten haben, denn wie ständen Sie jetzt da? Und wie peinlich, wenn sich das herumgesprochen hätte!

Aus alldem kann man schlussfolgern, dass man in der Firma keinen Single anbaggern sollte. Und wie bereits erwähnt, lässt man sich auch nicht in der Firma anbaggern. Jedenfalls nicht so leicht.

Es läuft letztlich immer wieder auf dasselbe hinaus: Bisher haben Sie viel zu viel Kraft und Energie darauf verwendet, dass Sie endlich einen Single treffen, der zu Ihnen passt. Künftig achten Sie darauf, dass Sie für andere Singles so lange wie möglich ein Geheimnis mit sieben Siegeln bleiben. Genau *das* wird Ihr Erfolgsrezept.

Haben es Singles in der Firma leichter?

Betrachten wir zunächst den männlichen Single. Er kann seine gesamte Kraft in die Firma investieren, ist ortsungebunden und viel flexibler als ein verheirateter Mitarbeiter. Man zieht natürlich freudiger von Hamburg nach Berlin um, wenn man Single ist und nicht zwei Kinder in der Grundschule sowie ein frisch erworbenes Reihenhaus hat.

Den männlichen Single lenkt eigentlich gar nichts von der Arbeit ab. Mit seinen wechselnden Frauenbekanntschaften kann er die anderen Männer in der Firma prima unterhalten – gerade auch dann, wenn die keine Singles mehr sind. Bei den Frauen in der Firma weckt er vielleicht den Mutterinstinkt oder sogar noch mehr. Als Hahn im Korb kann er, sofern ihm der Herrgott wenigstens eine Mini-Portion Charme und Witz in die Wiege gelegt hat, ein herrliches Kollegen-Leben führen.

Die Single-Frau hat es nicht so leicht, auch wenn die Flexibilität des Single-Daseins mit den geschilderten Vorteilen natürlich auch für sie gilt. Kolleginnen betrachten die Single-Frau oft auch dann als Konkurrenz, wenn sie überhaupt keinen Grund dazu haben. Stutenbissigkeit und Futterneid kommen hinzu. Einige typische Zitate: »Hast du gesehen, wie *die* sich heute schon wieder angezogen hat?« »Und wie die den Chef anschaut und dabei mit den Augen klimpert!« »Die hat sich doch bestimmt hochgeschlafen …« »Guck mal, wie die mit dem Hintern wackelt …« »Die« ist Single, und das kann zu heftigeren Ausgrenzungen führen, als eine Albino-Ente im Teich durchleiden muss.

Hat die Single-Frau eine Führungsposition inne, muss sie nicht weniger Gemeinheiten ertragen. Sondern womöglich noch mehr.

Nur werden die jetzt nicht mehr so laut getuschelt. Ganz klar: Sie ist eine eiskalte Karrieremacherin, eigentlich sowieso mehr ein Kerl als eine Frau, und es ist doch ganz klar, dass es kein Mann mit ihr aushält.

Weist sie einen Mitarbeiter wegen schlechter Leistung zurecht, so wird ihr das als Frustration wegen zu wenig Sex ausgelegt. Ist sie wirklich einmal schlecht drauf, so kann das nur an ihrem chronischen Neid auf Frauen in einer glücklichen Beziehung liegen. Und das sind keine typisch weiblichen Gemeinheiten, sondern Männer tuscheln ebenso fies hinter ihrem Rücken!

Die Single-Frau in einer Führungsposition wird in der Firma nur schwer ihr Glück finden. Die Frauen beobachten sie viel zu genau, der Flurfunk macht aus jedem netten Gespräch einen heißen Flirt, und die Männer haben viel zu viel Angst vor ihr, um sich ranzutrauen. Also: Je höher die Single-Frau auf der Karriereleiter klettert, desto schwerer hat sie es.

Würden sich Single-Kollegen hochschlafen, vor allem die Frauen?

Der Flurfunk in der Firma übertreibt bodenlos, was dieses Thema angeht. Glaubt man dem Getuschel, hat eigentlich jeder Single mindestens eine Affäre mit einem Vorgesetzten. Dreiviertel davon ist frei erfunden. Nur der Rest stimmt. Aber es ist natürlich viel spannender, sich mit diesem Rest zu befassen.

»Gestern noch Praktikantin, heute schon in einer Schlüsselposition«, dazu groß und blond mit einer beachtlichen Oberweite, allerdings von Fachkenntnis weitgehend ungetrübt: Da dürfen Sie dem Flurfunk glauben, dass nicht nur die berufliche Qualifikation oder die unglaublich rasche Lernfähigkeit für den sensationellen firmeninternen Aufstieg dieser beneidenswerten jungen Frau gesorgt hat. Da gibt es vermutlich einen Sponsor. Eben noch eine kleine, wenn auch allseits umschwärmte Angestellte in der Außenfiliale, morgen schon in den wichtigsten Konferenzen in der Firmenzentrale? Glück gehabt! Oder, besser gesagt, die richtigen Connections. Darauf können Sie Gift nehmen.

Es ist März 2009. Silke S., 32, sehr attraktiv, hat ein Problem. Die Beraterin in einem Finanzdienstleistungs-Unternehmen ist gut in ihrem Job, aber das bringt nichts. Die Spitzenjobs sind rar und meistens schon besetzt. Es wird sowieso überall nur noch eingespart. Soeben ist einer an ihr vorbeigezogen, der glatt fünf Jahre jünger ist als sie. Er hat sich daraufhin sofort eine noch größere Motoryacht gekauft, die jetzt im Hamburger Hafen liegt. Silke hat den Ärger hinuntergeschluckt. Sie bringt nun noch mehr Leistung. Aber sie hat nicht das Gefühl, dass die honoriert wird. Sie wird einfach übergangen. Sie opfert ihr Privatleben, aber niemand nimmt davon Notiz. Ein Sexualleben hat sie ohnehin nicht mehr. Und kennenlernen kann sie auch niemanden, weil sie ja nur noch für die Firma lebt.

»Das war die Phase, als ich Ralf kennenlernte«, erzählt sie. »Es war auf einer Mitarbeiterschulung. Er kam aus der Zentrale, und ich fand ihn wirklich nett, aber ich war nicht verliebt oder so. Er machte mir eindeutige Avancen und verband die auch mit den ganzen Möglichkeiten, die ich in der Zentrale hätte. Wenn ich nur wollte, dann könnte ich richtig durchstarten. Ich wusste, dass er heiß auf mich war, und habe mit meinen Reizen gespielt. Ich habe mich auch gefragt: Sag mal, Silke, was machst du hier eigentlich? Bist du gerade dabei, dich hochzuschlafen? Aber ich habe dann zu mir selbst gesagt, na und, willst du hier versauern oder was. Es war ja auch gar nicht so, dass mir der Typ zuwider war und ich es wirklich nur wegen der Karriere gemacht hätte. Er war einfach da, er war okay, und er passte in meinen Plan. Aber wenn er nicht der Schlüssel zur Karriere gewesen wäre, hätte ich nie was mit ihm angefangen.«

Es ist März 2010, als wir Silke noch einmal sprechen. Sie hat zwar ihren alten Festanschluss nicht mehr, aber noch dieselbe Handynummer wie vor einem Jahr. »Ich bin umgezogen«, erzählt sie fröhlich. »Hab ein schickes Penthouse direkt neben der Zentrale und jede Menge Chancen. Es läuft super. Dass ich die ganze Zeit besser war als all die anderen, kann ich jetzt richtig beweisen. Demnächst kriege ich meinen ersten Führungsjob.« Und Ralf? Silke ist irritiert, da sie sich kaum noch an unser Interview von damals erinnert. »Ralf? Welcher Ralf?« Und dann: »Ach der! Das hat sich damals von selbst erledigt. Er ist längst bei der Konkurrenz. Mensch, der Ralf ... Den müsste ich eigentlich auch mal wieder anrufen ...«

Silke hat überhaupt nicht das Gefühl, Karriere mit Sex gemacht zu haben. Allenfalls würde sie das so sehen: Nicht Ralf hat sie benutzt, sondern sie hat Ralf benutzt. Von ihm spricht schließlich niemand mehr in der Firma, aber sie ist groß im Kommen. Und was macht die Liebe? Silke lacht ins Telefon: »In der Firma würde ich nie was anfangen.« Wirklich nie? Wie schön, dass man manchmal vergisst ...

11. Kapitel

Die Singles mit Kind,
»Alleinerzieher« genannt

Sind Singles die besseren Eltern?

In einer Familie mit Vater und Mutter gibt es immer eine Rollen-verteilung. Der eine ist der Weichere, Versöhnlichere. Der andere ist eher streng und mehr der Unerbittliche. Der eine sagt: »Räum deine Sachen weg!« Der andere sagt: »Ach, geh spielen. Ich mach das schon.« Der eine sagt: »Komm, lass dich trösten!« Der andere sagt: »Selber schuld.« Aus diesem – manchmal widersprüchlichem – Kräfteverhältnis lernt das Kind sehr schnell, dass es *beide* Seiten gibt, nämlich die harte *und* die weiche. Es lernt, sich in dieser Welt zurechtzufinden. Das ist gut und bringt das Kind weiter.

Singles haben nun das Problem, dass sie ständig – und ständig heißt: 24 Stunden täglich – *beide* Seiten vertreten müssen. Sie müssen sozusagen Vater und Mutter in einer Person sein. Weich *und* hart. Tröstend *und* fordernd. Mann *und* Frau. Männlich *und* weiblich. Das ist für Singles sehr, sehr schwer. Ja, es ist manchmal sogar unmöglich. Es ist das größte Problem, mit dem sich Sing-les auseinandersetzen müssen: viel größer als das Problem, dass man niemanden zum Babysitten findet oder dass die Kita wieder einmal streikt. Es ist ganz einfach verdammt schwer, Vater *und* Mutter gleichzeitig zu sein.

Alleinerzieher, die sich mit diesem Problem auseinandersetzen und versuchen, das Beste daraus zu machen, sind ganz eindeutig mehr gefordert als Eltern, die zu zweit sind. Weil die Anforderun-gen an sie einfach höher sind als an eine »normale« Familie. Sie haben mehr Probleme als Eltern, die ganz entspannt ihre eigenen Rollen spielen können und sich im Übrigen darauf verlassen dürfen, dass der andere schon den Gegenpart übernehmen wird. Wenn Alleinerzieher diese Schwierigkeit erkennen und über sie nachdenken und wenn sie es trotzdem schaffen – dann liegt es nahe, sie als ganz besonders fähig einzustufen.

Im Alltag haben es Singles als Alleinerzieher auch ganz eindeutig schwerer. Sie müssen viel mehr organisieren, viel mehr Kraft in das Kind investieren und können so gut wie nichts delegieren. Es ist einfach niemand da, der ihnen das Kind auch mal abnimmt. Ein Vergleich: Es fliegen zwei Lufthansa-Maschinen von Hamburg nach München. In der einen sitzen Pilot und Copilot, und in der Kabine sind fünf Stewardessen. In der zweiten sitzt der Pilot alleine, und hinten hat er keine Stewardess. Also stellt er über Hannover auf Autopilot um, rennt nach hinten und serviert Tomatensaft, ist aber rechtzeitig zur Landung wieder im Cockpit. Frage: Welcher Pilot ist in der schwierigeren Situation? Der ohne Copilot ist vielleicht nicht der »bessere«, aber er hat auf jeden Fall mehr Stress.

Zusammenfassend kann man es so auf den Punkt bringen: Singles sind auf jeden Fall die »umfassenderen« Eltern. Sie haben mehr drauf als eine »Nur-Mutter«, als ein »Nur-Vater«. »Besser« jedoch können sie gar nicht sein, denn das »Beste« fürs Kind ist immer noch, wenn es Vater *und* Mutter zu Hause hat.

Wollen Singles, dass man gleich in die Vater-/Mutterrolle hineinwächst?

Singles mit Kind haben sich in ihrem Leben eingerichtet. Sie haben notgedrungen alles alleine im Griff. Irgendwo gibt es auch noch den »leiblichen« Vater bzw. die »leibliche« Mutter. Mit dem oder der hat sich der Single bereits mehr oder weniger arrangiert. Das Letzte, was der Single jetzt noch braucht, ist ein »neuer« Vater oder eine »neue« Mutter. Und das Kind braucht ihn oder sie schon mal gar nicht.

Deshalb ist es völlig schwachsinnig, wenn man gleich in die Vater- oder Mutterrolle hineinzuwachsen versucht. *Sie* sind bitte für die ersten Jahre nichts weiter als der neue Partner des Alleinerziehers. Halten Sie sich aus der Erziehung raus. Versuchen Sie, ganz unverkrampft die Sympathie des Kindes zu gewinnen, ohne die Sympathie des Alleinerziehers zu verlieren. Stehen Sie niemals auf einer (und damit gegen die andere) Seite. *Sie* sind unwichtig. *Sie* müssen sich erst einmal bewähren. Der Laden hat vorher ohne Sie funktioniert, und er kann auch jederzeit wieder ohne Sie funktionieren.

Es gibt aber tatsächlich die Situation, dass alleinerziehende Singles einem die Vater-/Mutterrolle geradezu aufdrängen. Das passiert meistens dann, wenn die Singles von ihrer Lebenssituation als Alleinerziehende total überfordert sind. Sie kommen damit einfach nicht klar und sind heilfroh, dass »endlich jemand da ist«. Sie sollten in diesem Fall sehr vorsichtig sein. Hier geht es vermutlich nicht so sehr um das Kind, sondern mehr um das Wohl des Alleinerziehers. Bleiben Sie zurückhaltend. Stellen Sie erst die Beziehung zum Alleinerzieher auf eine solide Basis, bevor Sie zum Mit-Erzieher werden. Denn das Kind will vielleicht etwas ganz anderes als die Erwachsenen. Sie müssen sich die Rolle des Mit-Erziehers erst erarbeiten! Wenn Ihnen das allzu leicht gemacht wird, dann stimmt irgendetwas nicht – und zwar stimmt was nicht mit dem Alleinerzieher.

Sie müssen also überhaupt kein schlechtes Gewissen haben, wenn Sie anfangs nicht der optimale Vater bzw. die optimale Mutter sind. Sie können es gar nicht sein, und Sie sollten es auch nicht versuchen. Sie haben zwar jemanden mit Kind kennengelernt. Aber mehr, als die Sympathie des Kindes langsam und entspannt zu gewinnen, ist Ihnen nicht zuzumuten. Es wäre auch nicht Ihr Job.

Eine ganz entscheidende Frage ist hierbei, wie alt das Kind ist. Wenn Sie einen Single mit Baby kennenlernen, können Sie natürlich getrost vom ersten Tag an nach Herzenslust wickeln, schmusen, Fläschchen geben und Schlaflieder singen. Auch ein Dreijähriger wird noch nicht viel mit Ihnen diskutieren wollen. Kommt das Kind in die Vorschule, ist mehr Zurückhaltung vonnöten. Und spätestens ab der Pubertät ist Ihre totale Zurückhaltung gefragt.

Suchen alleinerziehende Singles vielleicht nur jemanden fürs Kind?

Singles suchen niemals jemanden »nur« für irgendetwas. Sie haben viele Sehnsüchte. Sie vermissen Zärtlichkeit, Nähe und Liebe ebenso wie die gemeinsame (und somit geteilte) Bewältigung der Alltagsprobleme. Natürlich haben viele dieser Probleme mit dem Kind zu tun, wenn eines da ist. Lebt es bei der Mutter, fehlt ihm der Vater. Lebt es beim Vater, fällt dem die »weibliche« Erziehungsrolle schwer. Ist das Kind dann abends im Bett, drücken den Single die Sorgen ganz besonders. Bei einem Gute-Nacht-Drink malt sich der Single aus, wie viel leichter alles zu zweit wäre. Auch und gerade die Sache mit dem Kind. Weil das Kind nämlich für den Single das Wichtigste in seinem Leben ist, möchte er natürlich gerade aus diesem Kapitel seines Lebens-Buches eine rundherum schöne Geschichte mit Happy End machen. Und deshalb ist es schon richtig beobachtet, dass alleinerziehende Singles immer *auch* jemanden fürs Kind suchen. Aber eben *nicht nur*.

Man kann das gar nicht so trennen! Geht es dem Kind gut, geht es dem alleinerziehenden Single auch gut. Macht das Kind Probleme, hat der Single welche. Ist der Single glücklich, wird sich sein Wohlgefühl aufs Kind übertragen, und umgekehrt natürlich. Ist der Single ständig erschöpft, bekommt das Kind weniger Zuwendung. So hängt das alles zusammen: das Glück des Singles und das Glück des Kindes. Und immer hat die Partnersuche des Singles *auch* irgendetwas mit seinem Kind zu tun.

Vergleicht man die Aussagen von weiblichen Alleinerziehern mit denen von männlichen, so kristallisiert sich ein interessanter Unterschied heraus. Frauen tun sich nämlich viel schwerer als

Männer damit, jemanden an ihr Kind »heranzulassen«. Alleinerziehende Frauen sind sehr skeptisch und haben Angst, dass ihr neuer Partner irgendetwas falsch machen könnte. Männer mit Kind hingegen überlassen ihren Partnerinnen das Kind ohne Probleme und Stress. Sie können besser loslassen als Frauen. »Mach dies nicht, mach das nicht« hören Männer häufiger als Frauen.

Das ist keine Nebensächlichkeit, sondern extrem wichtig! Die Bevormundung durch die Kindesmutter führt sogar oft dazu, dass die Männer nach einigen Monaten lieber wieder Singles wären. Darum kann man alleinerziehenden Frauen nur dringend raten: Wenn es da einen neuen Mann in eurem Leben gibt und wenn er gut zu dem Kind ist (sonst wäre er ja wohl gar nicht erst der neue Mann in eurem Leben), dann lasst ihn mit euren ewigen gut gemeinten Ratschlägen in Ruhe. Er weiß schon, was er macht. Und es nervt ihn ungemein, dass ihr ihm ständig etwas vorschreiben wollt.

Sind Singles mit Kind
besonders intensiv auf der Suche?

Denkbar wäre es. Schließlich fehlt ihnen ganz besonders jemand, der sie auch mal entlasten kann. Sie sind es gründlich leid, die ganze Verantwortung ständig selbst tragen zu müssen. Auch ist die Auswahl auf dem Single-Markt für sie recht eingeschränkt. Denn sie müssen erst mal jemanden finden, der einen Single mit Kind nimmt.

Aber es gibt einen gravierenden Unterschied zu Singles ohne Kind: Die »mit« sind erheblich wählerischer. Sie haben die Freiheit des Singles »ohne« nicht. Ist kein Kind da, kann man theoretisch jede Woche mit jemand anderem nach Hause gehen. Das wird man zwar nicht tun, aber man könnte. Das gibt eine viel größere Freiheit, gepaart mit Gelassenheit, womöglich auch mit Unvernunft, auf jeden Fall mit einem erheblich größeren Aktionsradius. Singles ohne Kind können tun und lassen, was sie wollen.

Ganz anders die Singles »mit«. Erstens können sie gar nicht die ganze Nacht weg bleiben. Zweitens können sie nicht jede Woche jemand anderen mit nach Hause bringen. Singles mit Kind werden also lieber alleine bleiben, als sich auf ein nebulöses Abenteuer einzulassen. Erst, wenn sie wirklich »Mr. oder Mrs. Right« gefunden zu haben glauben, lassen sie sich auf eine Beziehung ein. Aber auch dann nur sehr, sehr langsam und mit Bedacht.

Daraus folgt, dass Singles »mit« zwar einerseits die Partnersuche viel ernster nehmen als Singles »ohne« und auch dringender nach einem Partner suchen, dass sie sich andererseits aber auch viel schwerer auf eine neue Partnerschaft einlassen können und wollen. Also haben genau diejenigen, denen eine neue Liebe besonders gut ins Konzept passen würde, bei der Partnersuche die heftigsten Probleme.

Singles mit Kind sind einfach ernsthafter. Und man tut gut daran, das nicht auf die leichte Schulter zu nehmen. Nur wer wirklich Verantwortung übernehmen möchte, sollte sich mit so einem Single einlassen. Er bekommt so einiges, was gar nicht schlecht ist: eine kleine Familie. Einen Partner, der das Alleinsein kennt. Der viel durchgemacht hat und weiß, wie zerbrechlich Glück sein kann. Der belastbar ist. Jemanden mit sozialer Kompetenz. Einen Menschen, der auch mit wenig Geld viel Freude schaffen kann. Jemanden, der die wahren, wichtigen Werte zu schätzen weiß. Der vermutlich eine sehr treue Seele ist. Der auch dankbar ist für alles, was man in diese Familie an Liebe und Kraft investiert.

Daher ist es dringend anzuraten, sich einen Single mit Kind zu angeln – wenn man denn bereit ist, das Kind mit großzuziehen. Und wenn man es ernst meint. Für eine flüchtige Affäre ist ein Single mit Kind denkbar ungeeignet!

Ist ein Single-Vater gut für eine Frau?

Jede Frau mit einem Mann, der mal alleinerziehender Vater gewesen ist, sagt: Ja! Denn ein Mann, der ein Kind alleine großzieht (oder schon einmal großgezogen hat), weiß richtig Bescheid.

Er hat zum Beispiel keine Probleme damit, ein Kind zu wickeln. Er macht es einfach. Und er macht es gut. Er weiß, wie wichtig es ist, dass man pünktlich vorm Kindergarten steht und das Kind abholt und dass man nicht einfach eine halbe Stunde später kommen kann, weil einem etwas dazwischengekommen ist. Er kennt den nervigen Fahrdienst, wenn die Kinder größer werden und gefühlt jedes Wochenende irgendwo in Deutschland irgendein Turnier stattfindet, wo das Kind hingefahren und wieder abgeholt werden muss. Er kann Hausaufgaben überprüfen und kennt diesen schmalen Grat zwischen »Du musst es letztlich alleine schaffen« und »So kannst du es aber keinesfalls abgeben«. Er weiß, was zu einer spannenden Gutenachtgeschichte gehört. Er kann mit Geld umgehen, denn er weiß aus leidiger Erfahrung, wie teuer so ein Kind ist. Er sitzt garantiert nicht mit der Bierflasche vor dem Fernseher und beschwert sich, wenn das Kind schreit. Er steht stattdessen auf, geht ins Kinderzimmer und tröstet es. Man kann alle Erziehungsprobleme mit ihm besprechen, weil er dieselben Probleme auch schon hatte und irgendwie gelöst hat.

Wenn man aber kein eigenes Kind mit in die Beziehung bringt, ist so ein Single-Vater auch nicht schlecht. Er geht nicht viel auf die Piste, sondern er ist eher ein Familienmensch. Seine diversen Laster werden sich zwangsläufig im Rahmen halten, denn die meisten davon wären nicht kinderverträglich: Vermutlich trinkt er eher wenig, er neigt nicht zum Kokain-Schnupfen, er raucht nicht oder nur selten und wenn doch mal, dann draußen. Er hat schon einmal gezeigt, dass er Verantwortung für andere übernehmen kann. Er wird seine eigene Karriere niemals für wichtiger halten als das Wohlergehen seines Kindes. Er muss sich nichts mehr beweisen.

Single-Väter sind also einfach die besseren Männer. Und keinesfalls sind sie Sandalenträger, Weicheier, Lila-Tücher-um-den-Hals-Wickler, Auf-der-Spielplatzbank-Socken-Stricker oder Beim-Elternabend-immer-in-der-ersten-Reihe-Sitzer. Es sind echte Kerle, die sich vor keiner Aufgabe drücken. Die sich für nichts zu schade sind. Männer, an die man sich anlehnen kann. Souveräne Problemlöser. Kurzum: Es sind Männer, wie sich jede Frau einen wünscht.

12. Kapitel

Die Singles und ihr Sex
(auf dieses Kapitel haben Sie natürlich gewartet)

Sind alle Singles sex-ausgehungert?

Das denkt sich der kleinhirnige Macho am Kneipentresen so. Aber er sollte lieber nicht darauf wetten. Single zu sein bedeutet nämlich nichts anderes, als dass man die Freiheit liebt und sie gerne behalten möchte. Singles haben womöglich sogar häufiger Sex als verheiratete Paare, bei denen die Lust vielleicht ein wenig eingeschlafen ist. Für einen durchschnittlich attraktiven, einigermaßen witzigen Single ist es kein Problem, pro Jahr etwa 50 wechselnde Sexualkontakte zu haben, also ungefähr jede Woche mit jemand anderem ins Bett zu gehen. Das machen die meisten Singles zwar nicht, aber es wäre immerhin möglich. Hinzu kommt, dass überzeugte Singles nicht selten ein bis zwei Sexualpartner haben, die ebenfalls ihre Freiheit lieben – ohne deshalb auf Sex verzichten zu wollen. Der Single nimmt sich einfach, was er haben möchte, und sagt genauso schnell wieder »Das war's«. Man kann ihm Oberflächlichkeit vorwerfen, aber ganz bestimmt ist der Single kein Kind von Traurigkeit. Allein zu leben bedeutet doch nicht, dass man keinen Sex mehr hat! Es bedeutet nur, dass man selber entscheidet, mit wem man frühstücken möchte.

Es gibt aber auch Singles, die ihre Freiheit gar nicht richtig genießen können. Wenn sich jemand für sie interessiert, dann greifen sie gleich panisch zu und klammern sich an ihn oder (seltener) auch an sie, als wenn sie keine weitere Chance in ihrem Leben mehr bekommen würden. Ein schwerer Fehler, aber er wird oft gemacht (vor allem von Single-Frauen). Manche stellen erst mit weit über 40 fest, dass sie durchaus Spaß an »Sex ohne Liebe« haben können. Das befreit sie. Es macht sie lockerer und lässt sie die Partnerschaftsfrage nicht mehr so verbissen sehen.

Sind Singles allzeit bereit für einen One-Night-Stand?

Eher ist wohl das Gegenteil der Fall. Wer eine Weile ohne Sex lebt, bei dem geht die Libido in den Keller. Der oder die hat nicht mehr so viel Lust auf Sex, als wenn man regelmäßig welchen hat. Das ist ein Naturgesetz. Das ist normal. Eingefleischte (vorwiegend weibliche) Singles sind – das kommt noch dazu – die ewigen One-Night-Stands sowieso leid. Denn die meisten Männer haben dieselben langweiligen Anmachsprüche drauf, sind relativ fantasiebefreit, nicht sehr originell und im Grunde austauschbar. Für einen One-Night-Stand sind Singles zu haben, wenn: a) der sexuelle Druck mal wieder nach Entspannung ruft, b) wieder einmal eine sich anbahnende Beziehung den Bach runtergegangen ist oder c) der Frust so groß ist, dass man in jedem zwischenmenschlichen Kontakt einen rettenden Strohhalm sieht, auch wenn es nur bis morgen früh ist. Aber Singles sind eigentlich ganz anders drauf. Sie suchen keinen schnellen Sex, sondern was für länger. Merken Sie sich also dies: Singles gehen lieber allein nach Hause als mit einer Zufallsbekanntschaft ins Bett.

»Eine Weile ist es ganz angenehm, wenn man ständig die Sexpartner wechselt. Aber auf Dauer ist es langweilig. Außerdem hält einen das von der Suche nach dem Richtigen ab« (Doris, 34, Verkäuferin). »Meine Freundin glaubt ständig, dass sie den Richtigen schon gefunden hat. Ich könnte drauf wetten, dass sie ihn niemals finden wird. Weil sie mit jedem gleich ins Bett geht und dann so tut, als wäre es schon eine feste Beziehung« (Svenja, 36, Versicherungskauffrau). »Die meisten Männer glauben, dass sie eine Single-Frau leichter abschleppen können. Aber das ist Quatsch. Single-Frauen gehen nur dann mit einem Mann gleich am ersten

Abend ins Bett, wenn sie sich was Dauerhaftes vorstellen können, und auch dann nur in den seltensten Fällen« (Anja, 29, Polizistin).

Und was sagen die Single-Männer? »Was man so durch die Medien erfährt, ist fast alles dummes Zeug. Single-Frauen sind viel verschlossener, als sie immer dargestellt werden. Das ist ein neuer Trend, den ich erst seit ungefähr drei Jahren feststelle. Woran das liegt, weiß ich aber nicht« (Michael, 42, Fernfahrer). »One-Night-Stand? Nichts für mich. Das hat sich doch alles total umgedreht: Heute machen die Frauen einen an, und als Mann geht man mit oder eben nicht. Ich lasse mich überhaupt nicht mehr anbaggern. Lieber schlafe ich allein« (Sven, 37, Speditionskaufmann). »Single-Frauen sind ziemlich aggressiv beim Baggern. Das war früher anders. Aber nach meiner Erfahrung suchen sie nur die Selbstbestätigung, und im letzten Moment sagen sie dann doch noch nein. Sie möchten begehrt, aber nicht erobert werden. Das ist so fies und ungerecht. Ich gehe kaum noch auf Piste, weil ich dieses gegenseitige Belauern und Getue echt leid bin« (Jens, 39, Sportlehrer). Insgesamt haben also offensichtlich weder Single-Männer noch Single-Frauen so richtig gute Erfahrungen mit dem Thema One-Night-Stand gemacht.

Haben Singles höhere Ansprüche an Sex?

Es ist ja nun so, und da wollen wir uns nichts vormachen: Für Singles ist Sex keine Routine, sondern ein Fest. Und das will natürlich etwas zelebriert sein. Nur ganz selten trifft man einen Single, der einem schon im Hausflur die Klamotten vom Leibe reißt. Das ist heute nicht mehr so wie noch vor 10 oder 20 Jahren. Ohne Herz und »nur mal eben so« fanden Frauen noch niemals richtig gut, aber die Männer damals schon. Heute sind sie total anders. Zum ersten Mal seit Adam und Eva hört man Single-Männer, die ehrlich empört und sauer sind, weil »Frauen immer nur das Eine« wollen. Männer, die vom fantasielosen »Rein-Raus« die Nase gestrichen voll haben, aber immer wieder auf Frauen treffen, die genau das von ihnen erwarten.

Das ist eine seltsame Entwicklung. Sie hat wahrscheinlich damit zu tun, dass der Mann im Moment wieder einmal dabei ist, seine Rolle in der Gesellschaft und im zwischenmenschlichen Bereich neu zu definieren. Ganz früher hatte er die sexuelle Dominanz, und die Frau wurde von ihm »erobert«, was heute ein Wort aus der Klamottenkiste ist. Dann kam die Frauenbewegung, und der Mann war total verunsichert, weil sein Wertesystem (mit gutem Grund) durcheinandergeriet. Danach entwickelte sich der Mann zum Softie und hoffte, dass er nun dem neuen gewünschten Männerbild entsprechen würde. Das war jedoch nicht der Fall. Widersprüchlich, wie die Frau nun einmal ist, fand sie den Softie zwar theoretisch gut – aber in der Praxis ging sie mit einem Macho ins Bett. Hieraus resultiert eine gewisse männliche Verweigerungshaltung: Er weiß nun gar nicht mehr, was er machen soll, er schmollt und zieht sich mit genau den Argumenten in sein

Schneckenhaus zurück, mit denen ihn früher die Frauen genervt haben. Es wird wohl nicht mehr lange dauern, bis wir den guten alten Macho zurück haben, und dann beginnt sich das Karussell wieder zu drehen. Es ist alles sehr schwierig geworden zwischen Mann und Frau. Keiner weiß, was genau der andere eigentlich will. Höhere Ansprüche an Sex? Im Grunde suchen Singles nur die wahre Liebe. Und bis dahin wollen sie sich wenigstens hin und wieder so fühlen, als wenn sie geliebt werden. Auch wenn es ein frommer Selbstbetrug ist.

Wollen Singles gleich nach dem ersten Sex, dass man für immer bleibt?

Es gibt »so'ne« und »so'ne« Singles. Also es gibt ganz unterschiedliche Typen. Vor allem Single-Frauen neigen bisweilen dazu, in einen gepflegten, aber unverbindlichen One-Night-Stand gleich den Beginn einer dauerhaften Beziehung hineinzuinterpretieren. Bei Männern trifft man diesen gefährlichen Irrtum seltener an, aber auch sie bleiben manchmal nicht davon verschont. Das kann einem wirklich den schönsten Sex verleiden! Es gibt aber bestimmte Warnsignale, die man unbedingt kennen muss. Zählen Sie beim nun folgenden Test Ihre Punkte zusammen. Dann können Sie beim nächsten flüchtigen Sex mit einem Single ganz leicht feststellen, ob er oder sie zum Klammern neigt, oder ob man sich hinterher entspannt wieder anziehen und bei Bedarf auf Nimmerwiedersehen verschwinden kann, ohne gleich als Arschloch dazustehen.

a) Der One-Night-Stand findet nicht wirklich spontan statt, sondern Sie haben das Gefühl: Das war genau für diesen Abend von ihm/ihr so geplant? Ja: 5 Punkte. Warum? Weil es ein sicheres Zeichen dafür ist, dass der Single bereits einen »Plan« hat. ER oder SIE hat was mit Ihnen vor. Es soll garantiert nicht bei einem One-Night-Stand bleiben.

b) Wo es passiert, haben nicht Sie ausgesucht, sondern sie/er? Ja: 3 Punkte. Warum? Siehe Frage a). Weniger Punkte gibt es aus diesem speziellen Grund: Viele Singles mögen es beim ersten Mal gern in ihrer eigenen vertrauten Umgebung; deshalb ist die Wahl der Location noch nicht zwangsläufig ein Hinweis auf späteres Klammern!

c) Beim Sex hören Sie von ihr/ihm überraschende Geständnisse, die sich direkt auf Sie beziehen (wie zum Beispiel: »Ich liebe dich«, »Ich lass dich nie mehr los« o.Ä.)? Ja: 8 Punkte. Warum? Beim Sex kann sich der Single nicht verstellen. Was er wirklich denkt und fühlt, wird er jetzt sagen, und zwar nur jetzt.

d) Sie kriegen nach dem Sex das Angebot, dass man doch ebenso gut gemeinsam einschlafen und morgens zu zweit frühstücken könnte? Ja: 7 Punkte. Warum? Weil wirklich überzeugte Singles niemals, wirklich niemals nach dem ersten Sex Wert aufs gemeinsame Frühstück legen würden.

e) Spricht der Single nach dem Sex von einer gemeinsamen Zukunft und macht (natürlich nur zum Scherz) entsprechende Pläne? Ja: 4 Punkte. Warum? Weil der vermeintliche »Scherz« garantiert kein Scherz ist. Dieser Single träumt tatsächlich von einer gemeinsamen Zukunft mit Ihnen.

f) Werden Sie nach dem Sex vom Single bemuttert, hören Sie also zum Beispiel: »Soll ich dir noch was zu trinken holen?«, »Möchtest du jetzt eine rauchen?«, »Deck dich doch zu!« oder »Soll ich das Fenster aufmachen?«. Ja: 4 Punkte. Warum? (Braucht keine Erklärung, wissen Sie selbst.)

g) Bekommen Sie beim Verabschieden nach dem ersten Sex eine weiterführende Perspektive angeboten, wie zum Beispiel »Sehen wir uns morgen?«, »Lass uns morgen früh telefonieren« oder »Nächsten Sonntag hätte ich Zeit«? Ja: 9 Punkte. Warum? Kein wirklich überzeugter Single wird Ihnen ein derart plumpes Angebot machen. Hier haben Sie es mit jemandem zu tun, der es nun wirklich nicht mehr abwarten kann, künftig kein Single mehr zu sein!

h) Steht der Single am Fenster, wenn Sie in Ihr Auto steigen, und winkt Ihnen hinterher? Ja: 5 Punkte. Warum? Das macht man einfach nicht als überzeugter Single – weil man weiß, dass vorm Einsteigen noch mal zurückgeschaut wird.

i) Bekommen Sie eine SMS, noch bevor Sie zu Hause sind? Ja: 2 Punkte. Warum? Weil es ein Hinweis auf Klammern sein kann, ebenso gut aber ein durchaus geschickter Schachzug, denn nun sind Sie dran.

j) Ruft der Single an, bevor drei Tage gegenseitiges Nicht-Melden vergangen sind? Ja: 3 Punkte. Warum? Weil: Wer sich zuerst bewegt, der hat verloren.

Die Auflösung! Bis 16 Punkte: Da haben Sie einen überzeugten Single im Bett, der Sie garantiert nicht nerven wird. Wenn es für Sie nur ein One-Night-Stand gewesen ist, dann müssen Sie nicht viel erklären. Vorsicht, wenn Sie sich verlieben: Kann gut sein, dass Sie niemals mehr etwas von ihm oder ihr hören werden!

17–33 Punkte: Sie haben es mit einem Single zu tun, der eigentlich kein Single mehr sein möchte. Er oder sie neigt zwar nicht zum Klammern, aber insgeheim sehnt er oder sie sich nach einer wunderbaren Partnerschaft. Tun Sie dem Single nicht mehr weh, als sein muss! Halten Sie sich zurück.

Mehr als 33 Punkte: Oje. Entweder ist es »der« Knaller Ihres Lebens, dann lassen Sie sich getrost drauf ein: Diesen Single werden Sie so schnell nicht mehr los. Oder Sie wollten wirklich nur einen One-Night-Stand, dann haben Sie hier im falschen Bett gelegen. Dieser Single wird bis zur schmerzhaften Erkenntnis der Realität (»Das war wohl wieder nix«) Rotz und Wasser heulen: Er oder sie möchte allzu gern, dass Sie sofort bei ihm oder ihr einziehen.

Nähert sich Ihr Testergebnis der 50-Punkte-Marke, bewegt sich also im roten Bereich? Hoffentlich hat es schon angefangen, bei Ihnen im Kopf zu rattern. Denn dann sollten Sie auf jeden Fall die Finger von dem Single lassen und sich überhaupt nicht mehr melden. Mit diesem Klammeraffen werden Sie garantiert nicht zurechtkommen. Auch wenn Sie es langsam angehen lassen. Das sagt ganz einfach die Lebenserfahrung.

109. Frage

Befriedigen sich alle Singles ständig selbst?

Der geneigte Leser könnte sich fragen, wer sich so eine bescheuerte Frage eigentlich ausgedacht hat. Deshalb an dieser Stelle eine Bemerkung dazu, wie die Recherchen zu diesem Buch gemacht wurden. Die 111 Fragen sind die meist gestellten aus kleinen Gesprächsrunden mit je zehn Männern oder zehn Frauen; es gab bundesweit insgesamt circa 100 solcher Gesprächsrunden, also wurden circa 1000 Leute befragt, was sie eigentlich gern mal über Singles wissen möchten. Die 111 am häufigsten gestellten Fragen wurden Singles vorgelegt, und aus deren Antworten entstand dieses Buch. Also ist auch die Frage 109 eine, die besonders viele Menschen zu interessieren scheint. Das können Sie blöd oder vollkommen daneben finden, aber es ist eben so! Also: Was sagen die Singles zu ihrer eigenen Sexualität?

Die meisten (82 Prozent) sagen, dass das sexuelle Bedürfnis mit der Zeit dramatisch und besorgniserregend nachlässt. Wenn Sie sich an dieser Stelle ertappt fühlen, dann trösten Sie sich: Sie sind nicht allein. Kurz nach der Trennung von ihrem letzten Partner befriedigen sich die meisten Singles tatsächlich sehr häufig selbst (im Schnitt ein- bis zweimal wöchentlich). Nach circa einem halben Jahr des Single-Daseins sackt die autoerotische Befriedigungsquote dramatisch ab. Jetzt machen es sich die Singles nur noch maximal einmal pro Monat selbst. Singles ohne Sexualkontakte berichten sogar, dass sie nach einem halben Jahr fast gar keine Lust mehr auf Selbstbefriedigung haben. »Ständig« tun's die Singles also nicht.

110. Frage

Wollen Singles beim Sex die Initiative ergreifen, oder lassen sie sich lieber verführen?

Am schönsten ist es natürlich, wenn beide – der Single und Sie – nichts lieber möchten als Sex, und zwar jetzt und hier. Dann stellt sich die Frage gar nicht, sondern Sie beide werden es einfach tun. Wer damit angefangen hat, ist hinterher vielleicht ein beliebtes Diskussionsthema, aber in dem Moment ist es unwesentlich. Die Frage stellt sich eigentlich nur dann, wenn sich der Abend so hinzieht und keiner sich traut, die Initiative zu ergreifen – eben aus der vollkommen verständlichen Unsicherheit heraus: Wer fängt denn nun an, Nägel mit Köpfen zu machen? Der Single oder Sie?

Auch in dieser subtilen Situation ist das am besten, was schon in vielen Kapiteln dieses Buches gebetsmühlenartig wiederholt worden ist: Achten Sie sorgfältig auf die Körpersprache des Singles. Sie müssen ihn unbedingt durchschauen. Der Single hat seine Augen nicht im Griff (achten Sie deshalb darauf, ob er Ihnen zum Beispiel auf die Lippen schaut. Dann will er küssen). Der Single kann sich schlecht beherrschen (achten Sie deshalb darauf, ob er Sie hin und wieder flüchtig berührt. Dann will er Sie in den Arm nehmen, traut sich aber nicht). Beim Single hängt es sehr stark von der Stimmung ab (achten Sie darauf, ob der Single laut, viel und häufig lacht. Dann ist er zwar unsicher, aber garantiert in der richtigen Stimmung für Sex, und Sie dürfen getrost die Initiative ergreifen). Überhaupt ist es am besten, einen Single immer dann zu küssen, wenn er gerade lacht. Das nur als kleiner Geheimtipp.

Schlussfrage: Sollte man die Single-Suche vielleicht ganz bleiben lassen?

Der Single als solcher hat sich ja, während Sie dieses Buch gelesen haben, als extrem schwierig und mitunter auch als äußerst zickig erwiesen. Zwar wissen Sie nun, wie man dieses exzentrische, vom Schicksal versaute Lebewesen am besten anlockt, hegt und bei Laune hält. Aber es stellt sich doch die Frage, ob man die oftmals jahrelange Suche nach dem passenden Single nicht besser sofort einstellen sollte.

Wozu der ganze Stress, wenn man am Ende doch nur jemanden kennenlernt, der ebenso kompliziert ist wie man selber? Vielleicht ist die Single-Suche ja gar nicht die Lösung des Problems, sondern vielmehr das Problem selbst! Da ist etwas Wahres dran. Wenn man mit Singles spricht, die keine mehr sind, dann sagen sie erstaunlich oft: »Erst, als ich gar nicht mehr daran geglaubt habe, hat es plötzlich geklappt.«

Und wissen Sie auch, warum das so ist? Weil ein Single, der nicht mehr sucht, viel gelassener und entspannter auftritt. Die Single-Suche ist wie ein Körpergeruch, den man nicht mehr loswird. Man »riecht« danach, dass man einen Single sucht. Deshalb entspannen Sie sich jetzt bitte. Finden Sie sich damit ab, dass es nix mehr wird mit dem passenden Single. Dekorieren Sie Ihre Single-Wohnung um, kaufen Sie sich selber Blumen, legen Sie sich eine neue Frisur zu, buchen Sie eine weite Urlaubsreise, oder bewerben Sie sich für einen neuen Job am anderen Ende von Deutschland. Werden Sie zur emotionalen Ich-AG. Wer gar nicht sucht – der wird gefunden.

Nachwort

Der letzte Satz in diesem Buch (»Wer gar nicht sucht – der wird gefunden«) steht natürlich mit Absicht in der allerletzten Zeile vom allerletzten Kapitel. Denn stände er vorn, hätten Sie vielleicht auf die Lektüre dieses Buches verzichtet, so nach dem Motto: »Wenn ich keinen Single suchen darf, um einen zu finden, dann muss ich mich ja auch nicht über die Gepflogenheiten des Singles informieren!«

Aber das wäre ein verhängnisvoller Trugschluss gewesen. Sie sollten durchaus wissen, »wie Singles ticken«. Sie sollten nur damit aufhören, ständig darüber nachzudenken, wie und wo Sie den richtigen Single kennenlernen könnten. Sie kennen doch bestimmt jemanden, der ständig auf der Suche nach der großen Liebe ist und immer w   ieder an die Falschen gerät? Und dann sollen *Sie* einen guten Rat geben? Bei *Ihnen* wird sich ausgeheult. Aber alle Ihre guten Ratschläge stießen auf taube Ohren. Sehen Sie: So ist das mit den Singles. Sie wollen zwar bemitleidet werden, aber im Übrigen sind sie ziemlich beratungsresistent.

Ab sofort ändern Sie Ihre Strategie. Ab sofort sagen Sie nicht mehr: »Geh doch mal aus«, »Du musst unter Menschen«, »Kapsel dich nicht so ab«, »Schau dir die Leute vorher an« oder »Ich hätte es dir gleich sagen können« – nein: Ab sofort heißt Ihre *Message*: »Hör auf zu suchen, dann wirst du gefunden.« Auch wenn in der Bibel was anderes steht: »Suchet, so werdet ihr finden«, nachzulesen bei Matthäus (Kapitel 7, Vers 7) und Lukas (Kapitel 11, Vers 9). Ich wette aber, dass weder Matthäus noch Lukas die Single-Suche gemeint haben.

Danksagung

Ich bedanke mich bei den 1.254 Singles, die ich für dieses Buch interviewt habe und die mir sehr offen erzählt haben, wie sie »ticken«. Es war genug Stoff für mindestens drei weitere Bücher dabei! Ich bedanke mich bei Prof. Neill Simon für die wissenschaftliche Begleitung und die vielen heftigen Diskussionen über das Phänomen der heutigen »Single-Generation« am Kamin auf der einsamen Pellwormer Warft, während draußen der Sturm heulte und das Wasser verdächtig hoch an den Deich schwappte. Ich bedanke mich bei meinen Söhnen, die ich durch so manche Single-Phase gedanklich begleiten durfte, bis sie dann eben eines Tages keine Singles mehr waren. Ein Dank geht auch an Frau K., die für dieses Buch inkognito im Internet einen Single-Partner suchte. Ein dicker Dankes-Knochen geht an unsere beiden Neufundländer. Denn damit dieses Buch richtig gut wird, musste ich so manches Mal das Gassi-Gehen ausfallen lassen. Danke, Dicker, danke, Fine, für eure Geduld.

Und dann bedanke ich mich noch bei meiner Frau. Liebe Moni: Wenn es dich nicht gäbe, wäre ich heute noch Single, hätte das wahre Glück wohl niemals kennengelernt und dieses Buch gar nicht geschrieben. Weil ich vor dir nur das Problem kannte, aber nicht seine Lösung ...

Hauke Brost
WIE SINGLES TICKEN
111 Fakten, die Sie für Ihre nächste Beziehung kennen müssen
ISBN 978-3-89602-750-4
© Schwarzkopf & Schwarzkopf Verlag GmbH, Berlin 2010
Coverillustrationen: © Jana Moskito

KATALOG
Wir senden Ihnen gern kostenlos unseren Katalog.
Schwarzkopf & Schwarzkopf Verlag GmbH
Kastanienallee 32, 10435 Berlin
Telefon: 030 – 44 33 63 00 | Fax: 030 – 44 33 63 044

INTERNET | E-MAIL
www.schwarzkopf-schwarzkopf.de
info@schwarzkopf-schwarzkopf.de